Bernhard Eppich
Alles schwingt

Bernhard Eppich

Alles schwingt

Waldthausen

1. Auflage 1993

Druck: Buchdruckwerkstätten Hannover GmbH
Dieses Buch wurde auf chlorfrei gebleichtem Papier gedruckt

ISBN 3-926453-74-5

Printed in Germany

Inhaltsverzeichnis

Widmung

Jedes Lebewesen, ob Mensch, Tier oder Pflanze hat verbunden mit seinem Schicksal ein Recht auf Leben.

Freuen wir uns, daß wir leben dürfen, es lohnt sich, bewußt zu leben.

Bernhard Eppich, 1993

Vorwort

Wir stehen heute alle unter dem Einfluß von so vielen Informationen und dennoch hat der Hunger nach mehr Wissen kein Ende genommen. Im Gegenteil: Hier ist wieder ein interessantes Büchlein auf dem Markt.

Dieses Büchlein stellt aber zuerst eine Frage an Sie. Wollen Sie an sich selbst arbeiten und nicht nur eine Reihe von großartigen Büchern lesen? Wenn ja, dann werden Sie mit der Geburt eines neuen Bewußtseins, wie die Dinge des Leben wirklich sind, beschenkt und zu einem neuen Leben geführt.

»Ehe man sich festgelegt hat, gibt es Unschlüssigkeit (Zaudern) – die Möglichkeit zurückzuziehen (der Umkehr) – ständige Ineffektivität.«

»Was immer Du tun kannst oder glaubst tun zu können, beginne damit! Mut birgt wahre Zauber und wahre Macht in sich. Beginne jetzt!«

Bernhard Eppich

Wie kam es zur Erfindung des »Vital-Transmitter«-Trampolins?

Es wird erzählt, daß es im Himmel ein Perlennetz gibt, das so angeordnet ist, daß, wenn man eine Perle anschaut, man alle anderen darin reflektiert sieht. Und ebenso ist jedes Objekt in der Welt nicht nur es selbst, sondern schließt alle anderen mit ein und ist tatächlich in jedem anderen Objekt wiederzufinden.

Was kann der Mensch **erfinden?** Der Mensch kann nur **finden,** was im Universum längst vorhanden ist. Der Mensch kann grundsätzlich nicht erfinden, er kann höchstens kombinieren, neue Anordnungen treffen und dieses Neue entweder zum Guten oder Bösen verwenden.

Aus dieser Urwahrheit ist auch dieses Gerät entstanden. Ich habe mich persönlich mehr als 20 Jahre mit der Trampolin-Bewegungstherapie befaßt. Dennoch waren einige Fragen unbeantwortet. Warum? Warum? Aber warum?

Heute weiß ich mehr darüber. Hat sich doch mein Bewußtsein durch jahrelange Studienreisen und Vorträge sehr gewandelt. Besonders die enge Zusammenarbeit mit *Dr. Knapp* führte zu den Erkenntnissen, die Dinge so zu sehen, wie sie wirklich sind. Mein Bewußtsein mußte sich vom starren und begrenzten Denken des rein Materiell-mechanischen loslösen, freimachen für das Primäre, nämlich für das »bioelektrische« Prinzip.

Mit meinen jahrelangen Studien der Bioplasma-Aufnahme-Methode, System Knapp, die ich im Laufe dieses Buches noch erklären werde, wurden mir die Augen zum energetischen Denken geöffnet. Damit begann ein neues Kapitel in meinem Leben. Kaum hatte ich dieses neue Bewußtsein gelebt, ausgestrahlt und vermittelt, d.h. wie die primären Verhältnisse im Sport, in der Ernährung, Medizin, Therapie und Umwelt wirklich aussehen, kamen auch schon die vielen Einladungen aus allen Teilen der Welt. Statt diesen zu folgen, zog ich mich aber zurück, und schrieb meine Erfahrungen auf. Meine

Erkenntnisse und wissenschaftlichen Beobachtungen werden jetzt durch eine Reihe von Büchern in verschiedenen Sprachen veröffentlicht. Dafür hat es sich gelohnt zu leben.

Was bewirkt dieser »Vital-Transmitter«, und wie soll er angewendet werden? Wie erziele ich die besten Resultate?

Alles schwingt

Wir wissen, daß wir in einer Welt schwingender Materie »Energie« leben, ja, selbst so beschaffen sind.

Gehen wir im folgenden kurz darauf ein, wie sich Schwingungen, physikalisch gesehen, verhalten. Stellen wir uns eine Welle vor. Sie sehen einen Teich, das Wasser ist ruhig. Nun werfen Sie einen Stein hinein. Gleich werfen sich Wellen mit Tälern und Bergen auf, hübsch symmetrisch in konzentrischen Ringen. Hätten Sie zwei Steine hineingeworfen, dann gäbe es ein Wellenmuster, das wir als Interferenz bezeichnen; also sich überlagernde und zum Teil sich gegenseitig aufhebende Wellenberge und Täler.

Ähnlich erzeugt jede Bewegung oder Schwingung auf dem »Vital-Transmitter« in unserem Körper, der ja zu ca. 70 % aus Wasser besteht, eine harmonische energetische Balance, sozusagen primäre Energie. Das kosmische Funktionsprinzip ist gekennzeichnet durch Organisationsmuster. Der Transmitter besitzt so einen Plan, der sich aus einer zweifachen Funktion zusammensetzt: Resonanz- und Interferenzenergie. Resonanz ist die effizienteste Kommunikation, die die Natur geschaffen hat; sie ist die geordnete Kommunikation. Die Bio-Energieinterferenz ist Ausdruck ungeordneter Energie. Sie wirkt Störfaktoren, wie z. B. Viren und Bakterien im Körper, entgegen. (Siehe jeweils *Bioplasma-Aufnahme* vor und nach der Bewegung.)

Wie wird der »Vital-Transmitter« angewendet?

Bevor ich etwas unternehmen möchte, etwa ein Haus bauen oder ein neues Auto kaufen, erkundige ich mich zunächst einmal nach den Details. So ähnlich ist es auch mit dem Vital-Transmitter. Aus diesem Grunde möchte ich Ihnen gern einige universelle Gesetze ins Bewußtsein rufen.

Millionen von Menschen studieren jahrelang technische Daten und Thematiken. Lassen Sie sich nicht verwirren, was die Vielfalt betrifft. Viele von uns wollen viel wissen und scheitern gewöhnlich am zuvielen. Entspannen Sie und meditieren Sie, dann kommt Ihnen die Erkenntnis. Lassen Sie sich nicht verwirren durch viele Worte, sondern erkennen Sie den Zusammenhang. Lassen Sie sich in einer Welt nieder, die es Ihnen leicht machen will: Bewußtsein, Ruhe, inneren Frieden und Freude über harmonische Zusammenhänge sowie über die Schöpfung in allen ihren Details zu erlangen.

Der »Vital-Transmitter« arbeitet ausschließlich im bioenergetischen Feld des Menschen, mit körpereigener Energie, mit Körpersymmetrie. Der »Vital-Transmitter« wirkt individuell und entsprechend der Regulationsfähigkeit des sich bewegenden Menschen und entspannt bereits nach wenigen Minuten den ganzen Körper, verhilft zu körperlichem und psychischem Wohlbefinden und zaubert ein natürlich gutes Aussehen. Der »Vital-Transmitter« regeneriert durchgreifend von innen, unterstützt das Fließen der Körpersäfte selbst in den peripheren Gefäßen. Er sorgt für maximale Lymphregulation als besonderer Drainageeffekt.

Gravitation – Licht und Energie der Zukunft

Überall auf der Welt wird der Erforschung der Schwerkraft der erste Platz eingeräumt. Es ist klar: Die Ergründung dieser Kraft ist der Schlüssel zu vielen Geheimnissen und vor allem der Weg zu einer echten, wirklichen Raumfahrt. Aber es will trotz Einsatzes gigantischer Forschungsmittel nicht gelingen, das Geheimnis der Gravitation – und damit das Geheimnis der Himmelsmechanik – zu ergründen. Dies liegt daran, weil man das Wesen der Gravitation, ihren Urspung, nicht über Experimente mit der Masse, sondern nur durch schöpferisches Denken erfassen kann. Danach kann man – wiederum durch schöpferisches Denken – versuchen, die geistig erkannten Vorgänge mit materiallen Mitteln nachzuahmen und sich so die gewonnenen Kräfte nutzbar zu machen.

In der Einfachheit liegt die Größe!

So verhält es sich auch mit der Gravitation. Die Einfachheit liegt darin, daß es nur ein Gesetz für die Gravitation gibt; die Größe liegt darin, daß dieses Gesetz überall im Universum – ausnahmslos – seine Anwendung findet. Kehrt etwas immer wieder, ist es in den verschiedensten Formen und Erscheinungen vorhanden, so läßt sich daraus eine Gesetzmäßigkeit ableiten. Worauf beruhen die derzeit erkannten Gesetze über die Gravitation? Sie beruhen auf dem Wissen über die Massegravitation. Da die Anwendung dieser Gesetze bald auf Begrenzung stieß, wurden diese durch allerlei Theorien erweitert. Wenn wir das Wesen der Gravitation erkennen wollen, müssen wir immer den Standpunkt des jeweils geschaffenen Lebens einnehmen. Geistig müssen wir uns in die Urstätte des Schöpfers begeben und versuchen, uns von dort aus einen neuen Überblick zu verschaffen.

Das Kreuz

Eines der größten Geheimnisse liegt im Zeichen des Kreuzes, und die so dargestellten Bewegungen sind untrennbar und unverkennbar mit jeder geistigen Entwicklung verbunden. Der Kosmos ist vom Kreuzeszeichen durchdrungen und das Kreuz ist das sichtbare Zeichen unseres Schöpfers. Somit ist die Kreuzesbewegung auch eine physikalische Formel, nach der sich geistiges und schöpferisches Leben entwickeln konnte und – können wird.

Die Zelle

Störfelder

Wir alle wissen, daß der Organismus Erde Störfelder aufweist. Hier wollen wir aber nicht die Art und auch nicht die Meßbarkeit dieser Störungen näher betrachten. Wichtig ist allein die Tatsache, daß es Störfelder gibt. (Zwei *Bioplasma-Aufnahme*-Vergleiche von energetischen Einflüssen der Störfelder.) Es bedarf schon einer erstaunlichen Ignoranz jener Menschen, die diese Tatsache immer noch leugnen und versuchen, dies ins Lächerliche zu ziehen. Eine Norm, wie lange die Widerstandskraft eines Organismus gegen negative Einflüsse anhält, gibt es nicht. Dies ist einerseits abhängig vom Ausmaß und der Intensität der Störfelder, andererseits vom energetischen Zustand des Menschen. Bei Frauen, die sich ständig in Wohnungen aufhalten, die von einem Störfeld beeinflußt sind, treten die ersten energetischen Schwächen in einem Zeitraum zwischen fünf und zehn Jahren auf. Aus langjähriger Erfahrung muß hier auch gesagt werden, daß solche Frauen eher an Körper und Geist geschädigte Kinder zur Welt bringen als Frauen, die in einer störfeldfreien Umgebung leben.

Fremdschwingung

Blockaden durch Strahlungseinfluß im Schlafzimmer.

Es mag interessant sein, wie diese Schädigung erfolgt. Durch die ständige negative Beeinflussung des lebenden gravitativen Energiefeldes eines Menschen wird dieses in eine Fremdschwingung gebracht. Man könnte auch sagen: Er wird verpolt! Das Gleichnis mit dem steten Tropfen, der den Stein höhlt, paßt hier gut. Durch diese Verpolung verliert die energetische Matritze ihr Urabbild und dieses wird verbildet, degeneriert – disharmonisch.

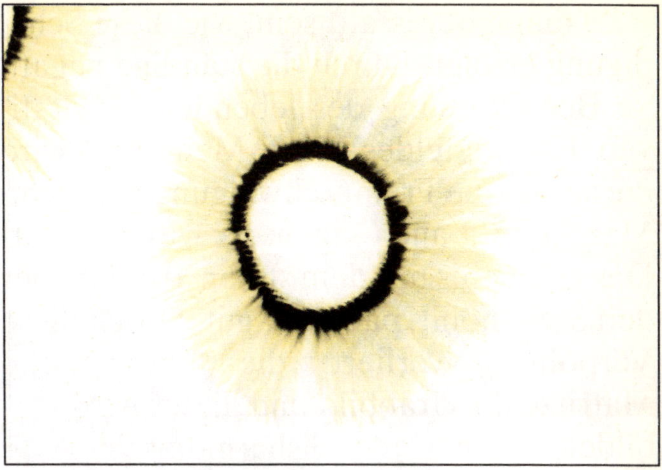

Plasmaprintbild: ordentlich

Plasmaprintbild: unordentlich

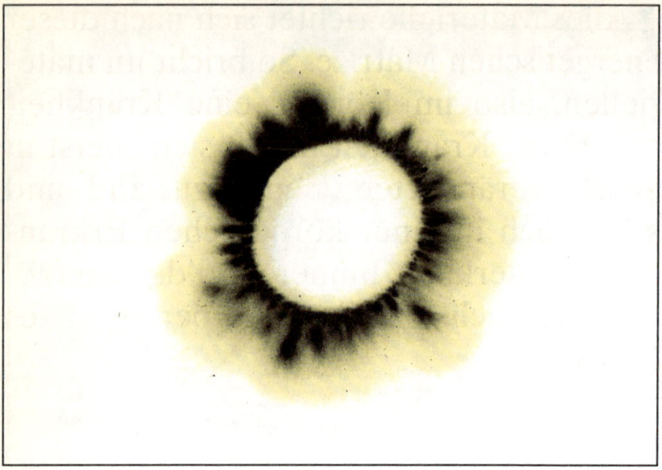

Plasmaprintbild: toxisch

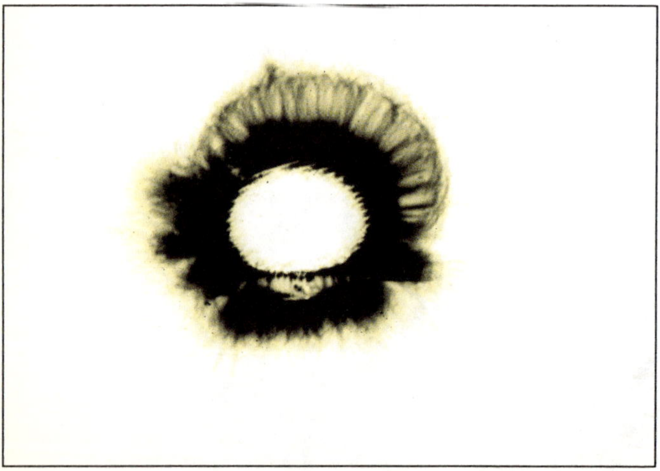

Plasmaprintbild: degenerativ

Alles Materielle richtet sich nach dieser energetischen Matrize. So bricht im materiellen, also im Körper, eine Krankheit aus. Diese Krankheit macht sich zuerst in einem veränderten Gemütszustand und schließlich in einer körperlichen Erkrankung bemerkbar. Immer wird der energetisch schwächste Teil im Körper als erstes krank.

Bio-Plasma-Physik

Das bioenergetische Gleichgewicht

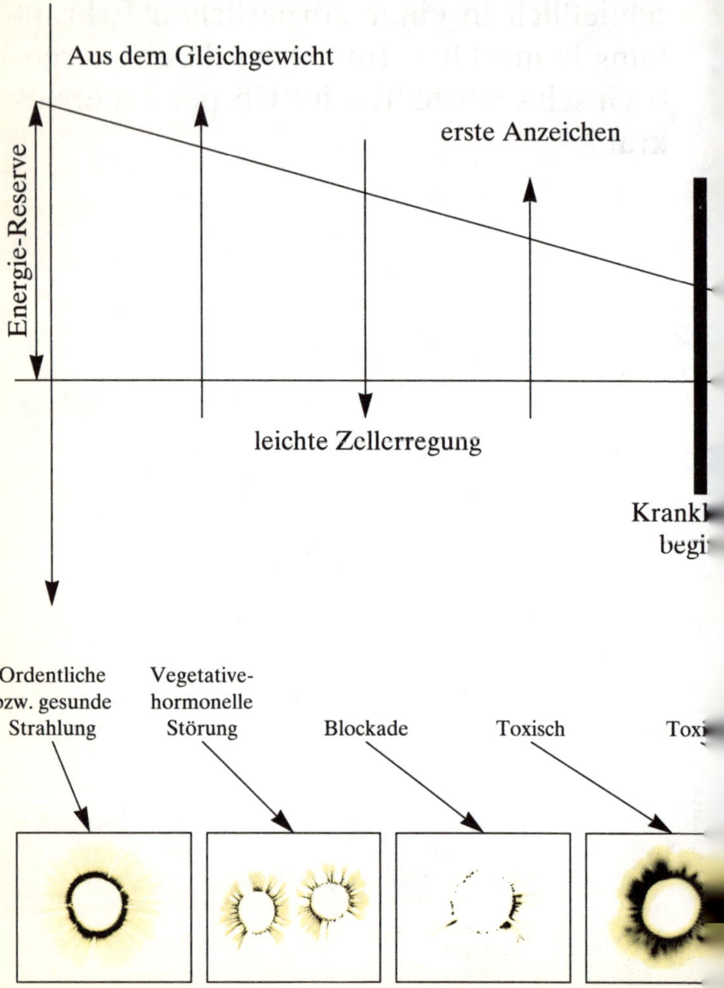

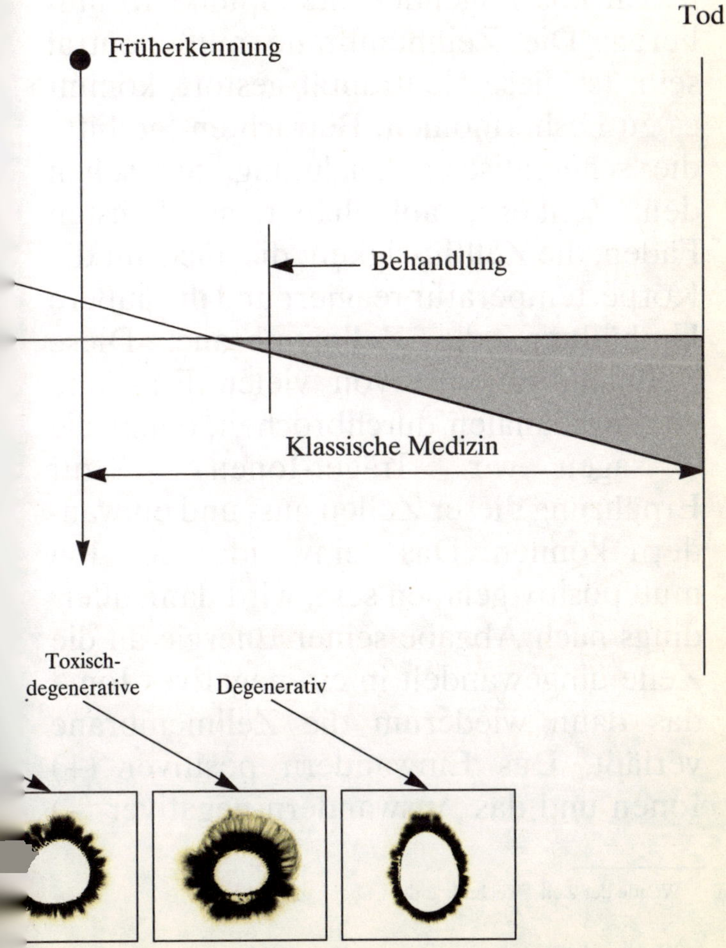
Tod
Früherkennung
Behandlung
Klassische Medizin
Toxisch-
degenerative
Degenerativ

Störungen im Organismus

Wie wird eine Störung im Organismus hervorgerufen? – Die Forschungen von *Friedrich Hummel** über die Gravitation lassen uns folgenden Standpunkt formulieren: Die Zellmembrane muß neutral sein. Ist diese Neutralität gestört, kommt es zu Disharmonien. Betrachten Sie bitte die schematische Zeichnung. Sie sehen den Zellkern, aufgehängt an feinsten Fäden, die Zellflüssigkeit, die auch auf die Körpertemperatur reagiert und die äußere Umhüllung, die Zellmembrane. Diese Zellmembrane ist von vielen Ein- und Auszugskanälen durchbrochen, damit die – sagen wir »Träger-Ionen« – zur Ernährung dieser Zellen aus- und einwandern können. Das »einwandernde« Ion muß positiv geladen sein, wird dann allerdings nach Abgabe seiner Energie an die Zelle umgewandelt in ein negatives Ion – das dann wiederum die Zellmembrane verläßt. Das Einwandern positiver (+) Ionen und das Auswandern negativer (–)

---

* Wende der Zeit – Technik anders, aber ganz anders.

Ionen setzt voraus, daß die Zellmembrane schöpfungsneutral ist. Ein Lebensgesetz hält die Zellmembrane neutral.

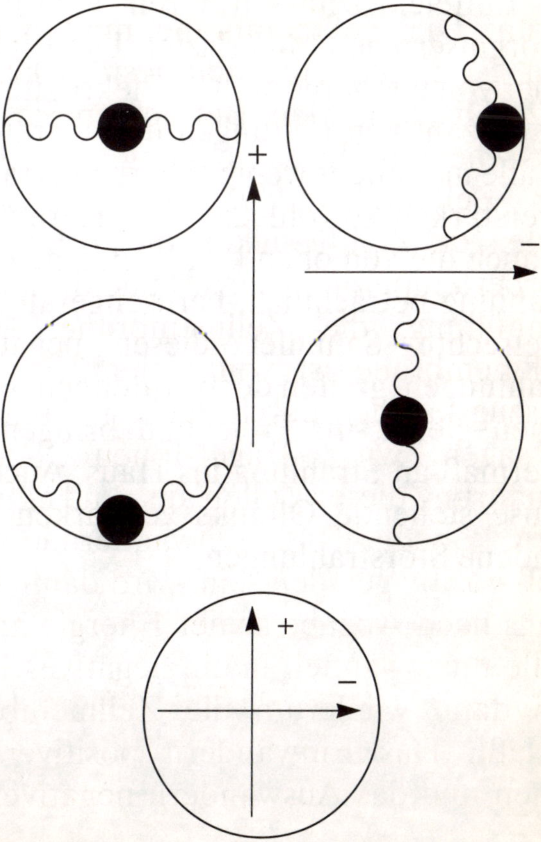

Woher kommen nun Störungen, woher kommen Disharmonien? Die in der Erde und im Kosmos vorhandenen Störfaktoren werden im Zusammenspiel mit unserer Technik wesentlich verstärkt. Tatsächlich wurde das energetische Lebensgleichmaß, die Luftelektrizität in ihren Polaritäten besorgniserregend überlastet. Die Einflüsse der von uns hergestellten Elektrizität mit der Unzahl von Leitungen und Geräten – die alle mehr oder weniger hart ausstrahlen – verstärken sowohl die Bodenstrahlung, als auch die von oben kommende negative Strahlung beträchtlich. Fernsehgeräte sind regelrechte Sammler dieser negativen Strahlungen, greifen doch Antennen, Fangarmen gleich, ins Freie und bringen ein Übermaß an Strahlung ins Haus. Auch im Hause stehende Öltanks verstärken vorhandene Störstrahlungen.

Die Zellmembrane

Ist ein Zellverband dauernd einem Störfaktor ausgesetzt, geht die Neutralität verloren und die Zellmembrane wird entweder positv oder negativ aufgeladen. Die »Ernährung« der Zelle ist dadurch gestört, läßt doch die Zellhaut die zur Ernährung notwendigen Ionen nicht mehr hinein, respektive nicht mehr heraus. Anders ausgedrückt, die positiv aufgeladene Zellmembrane läßt die positiv geladenen Ionen nicht mehr durch die Zellhaut schlüpfen – Zellschrumpfung ist die Folge. Negativ geladene Zellmembranen hindern die im Zellkern auf minus umgepolten Ionen am Ausscheiden durch die Zellhaut, wobei die sich langsam verhärtenden Ablagerungen zu Krebs führen können (siehe »Sieben Schritte zum Krebs« auf Seite 47). Krebs kann also in seiner Entstehung eine »Polaritätskrankheit« sein. Die Wucherungen im Zellinneren behindern natürlich die Bewegungen des Zellkerns und dies führt zu zusätzlichen Schmerzen.

Alkohol und Drogen

Unzählige Menschen werden wegen Alkoholismus und Drogensucht behandelt. Gefährdet sind nicht nur die Abhängigen selbst, sondern auch deren Mitbürger, wie z.B. durch passives Rauchen. Kürzlich hat es in Sydney ein Gerichtsverfahren, über den Schadenersatzanspruch einer Klägerin wegen Schädigung durch passives Rauchen gegeben. Sie gewann den Fall und schuf somit neue Maßstäbe für das Rauchen am Arbeitsplatz. Seither gilt in Australien per Gesetz Rauchverbot am Arbeitsplatz.

Alkohol und Nikotin sind Drogen. Das Drogenproblem in all seinen Schattierungen ist zweifellos ein psycho-hygienisches und soziales Problem ersten Ranges.

Zurück zur Zellmembrane: Wahrscheinlich wird durch die Zufuhr von Drogen die Temperatur der Zellflüssigkeit angehoben, die Zellmembrane gedehnt und der Zellkern nach oben gedrückt. Das Gefühl der Leichtigkeit, des Schwebens könnte sich daraus erklären. Klingt nun die Wirkung der Droge ab, zieht sich die Zellmembrane zusammen, wird kleiner, schrumpft. Wiederholt sich dieser Vorgang häufig, entstehen Dehnungsschmerzen. Um diese zu vermeiden, signalisiert der Körper: Ich will – ich brauche unbedingt – Nachschub, sonst falle ich in rasenden Schmerz. Durch Schwingen auf dem »Vital-Transmitter« kann die Zellmembrane jedoch in ihr ursprüngliches Spannungsfeld zurückversetzt werden.

Hilfen

Lebende Gravitation läßt sich durch bioenergetische Schwingungen auf dem »Vital-Transmitter« erzeugen, und wir sehen darin eine Chance, nicht nur für Krebskranke, Drogensüchtige oder Alkoholiker, sondern für die Menschheit insgesamt. Wenn sich kranke oder gesunde Menschen mit dieser bioenergetischen Schwingungsenergie sättigen, kann generell eine Rückführung der Zellmembrane in ihre Neutralität erfolgen. Was man aufladen kann, muß man doch auch wieder entladen können und umgekehrt! Hier öffnen sich Möglichkeiten für ein neues Forschungsgebiet.

Schutzfeld des Menschen

Das lebende Gravitationsfeld, auch Aura, Energie- oder Odfeld genannt, dient vor allem als Schutzfeld. Es ist überall anzutreffen, angefangen vom winzigsten Partikel in milliardenfachen Abstufungen bis hinauf zu den Urzentralsonnen. Es dient vor allem als schützendes Feld gegen übermäßige Strahleneinwirkungen. Aus diesem Grunde sollten wir uns besonders für die Erhaltung dieses ruhenden Schutzfeldes interessieren. Denn sinkt die Aura in sich ein, hat der Mensch seiner Umwelt gegenüber ein zu schwaches Schutzfeld und wird dadurch einer zu starken Strahlenbelastung ausgesetzt. Eine interessante Frage stellt sich mit diesem Wissen an uns. Wäre es nicht sinnvoller, Auratrainingszentren zu haben, als die sogenannten Fitneßzentren? Haben Sie schon einmal die Ausstrahlung der Aura der fanatischen Bodybuilder, der sogenannten Fitneßroboter gesehen? Mir läuft es meistens kalt über den Rücken, wenn ich den Bioplasma-Aufnahme einer dieser fanatischen

Fitneßbetreiber auf den Tisch lege zur Analyse. Er sieht sehr gestört aus!

Wie erwähnt, hat auch unsere Erde ein Schutzfeld. Wäre dieses nicht vorhanden, könnten wir hier nicht leben, weshalb wir auf die Aura unseres Wohnplaneten verstärkt achten sollten. Die Aura selbst ist von verschiedenen Farben durchleuchtet und läßt den Entwicklungsstand und die geistige Haltung eines Menschen für den Eingeweihten erkennen. Aura läßt sich mit Hilfe einer speziellen Fototechnik, die der Russe *Semjon Kirlian* 1939 entwickelt hat, fotografisch festhalten. *Dr. D. Knapp* befaßt sich seit 1979 mit der Kirlian-Methode und deren Anwendung. Er setzt spezielle präparierte Farbfilme, sogenannte »Colorplates« ein und erreicht damit – zusammen mit seiner verbesserten und optimierten elektronischen Anlage, genannt *Plasmaprint,* einen Informationsfluß, der es erlaubt, verläßliche und auch reproduzierbare Aussagen über evtl. pathologische Situationen im Gesamtorganismus und in einzelnen Organen zu gewinnen. Ich selbst setze diese Methode schon seit einigen Jahren in meiner Praxis in Sydney ein. Mit dieser *Plasmaprint-Methode* oder *Bioplasma-Verfahren* war es mir auch möglich, eine Reihe von Bewegungsarten mit einem »Vital-Transmitter« und mit etlichen anderen Trampolinarten, die es zur Zeit auf dem Markt gab, zu erforschen. Meine Ergebnisse waren so gut, wie es eben die *Bioplasma-Aufnahmebilder* zeigten, ein eindeutiges »ja« für den »Vital-Transmitter«. Es gab sogar einige Leute, die mir ihr »Mini-Trampolin« zum Eintausch angeboten haben mit Zuzahlung von 150 Dollar. Sie sahen und glaubten – spürten aber auch, daß der »Vital-Transmitter« eine viel weichere Ausstrahlung hat, im Gegensatz zu den herkömmlichen Trampolinen, die alle sehr hart ausstrahlen.

Die Auswertung der *Bioplasma-Aufnahme* ermöglicht dem geübten Diagnostiker Aussagen zu folgenden Fragen:

a) Wie ist der Zustand des Gesamtorganismus in bezug auf …
– den biologischen Alterungszustand

- die Reaktionsfähigkeit zur Regulierung von Störungen
- das Entstehen einer Präkanzerose (Krebsvorstadium)
- die primäre psychische Ursache einer Störung.

b) In welchem Körperteil befinden sich die Störungsursachen?
- die Hauptstörung (z. B. Entzündungsherd, Kieferbereich)
- die Nebenstörung (z. B. Herz)

c) Welchen Gefährdungsgrad hat die jeweilige Störungsursache? (pathogen, entzündlich, degencrativ usw.)

d) Welchen Erfolg zeigt die angewandte Therapie?
- durch Ernährung
- durch Bewegung (besonders auf dem »Vital-Transmitter«)

Erhaltung der Aura

Der Erhalt der Aura kann durch vielerlei Formen geschehen. Ein probates Mittel sind Yogaübungen, mit dem Zweck, jede Zelle möglichst saugfähig dem großen Schöpfungs- und Nährfeld gegenüber zu aktivieren. Zieht der gesamte Zellverband diese Nährstoffe ein, entsteht eine weitreichende Aura und damit zugleich ein Nährfeld für den gesamten Organismus.

Aura hat lebende Gravitation

Wir erkennen auch bei den Menschen eine Vielzahl von Entwicklungsstufen. Die Gründe dafür sind vielfältig und lassen sich nur sehr grob in zwei Kreise einteilen:

- geistige Umweltverschmutzung – Trennung vom Schöpfer
- materielle Umweltverschmutzung.

Muß etwas ernährt werden, so müssen Nährstoffe vorhanden sein – und hier beginnt der Teufelskreis. Der Nährstoff, den wir dringend benötigen, kommt aus dem Kosmos und wird zum Teil von der Erde angezogen und zum anderen Teil mittels Lichtdruck auf die Erde befördert. Da wir aber schon sehr stark in das Leben unseres Planeten eingegriffen haben, erfolgt eine erste Bremsung in den atmosphärischen Schichten, die natürlich durch die Smogwolken über unseren Städten weiter verstärkt wird. In diesen Smogwolken fließen auch die anderen künstlich erzeugten elektrischen Felder zusammen und ergeben so gemeinsam einen geschlossenen energetischen Filter, der Lichtstrahlen abbremst und Nährstoffe mindert oder zerstört. Diese Verminderung mag ein Ausmaß von 30 % erreichen und ergibt zusammen mit der Abschwächung, die durch Kunststoffe erfolgt und die bis zu 20 % betragen kann, eine Verminderung von ca. 50 %. Sind nun im Organismus energetische Schäden vorhanden, so genügen diese stark verminderten Nährstoffe nicht, das Defizit zu beheben.

Sieben Schritte zum Krebs

Wir wollen uns einmal menschliche Abfallprodukte anschauen. Es ist etwas, das als Pathologie (d. h. Krankheitsbild) der Evolution bekannt ist. Dieses Krankheitsbild ist gekennzeichnet durch eine allmähliche Ansammlung von Abfallprodukten.

Die Bedeutung dieses Themas kann eigentlich kaum unterschätzt werden, und es ist etwas, das wir wirklich lernen müssen zu verstehen. Ich werde dies in Form von sieben Schritten darstellen, und zwar auf eine für Sie neue Art und Weise. Ich hoffe, daß es viele von Ihnen darüber aufklären wird, wo Sie persönlich im Moment mit Ihrer Gesundheit stehen.

Alle Zellen in Ihrem Körper brauchen eine bestimmte Menge an Nährstoffen, eine kontinuierliche Zufuhr von Sauerstoff, eine perfekte Lymphzirkulation usw. Millionen von Zellen, die zusammenhängen, nennen wir Gewebe. Wenn wir eine Anzahl von spezialisierten Zellen haben, die spezielle Dinge tun, und zwar alle im

Rahmen einer Zusammenballung von Gewebe, haben wir ein Organ.

Wenn wir eine Gruppe von Organen haben, die alle mit einem gemeinsamen Ziel harmonisch zusammenarbeiten, nennen wir dies ein System. So haben wir Ausscheidungssysteme, Atmungssysteme, Blasensysteme, Herz- und Gefäßsysteme usw. Wenn alle Systeme harmonisch zusammenarbeiten, haben wir einen Organismus oder einen Körper.

Jetzt befassen wir uns aber mit Symptomen und Schmerzen und versuchen, zu verstehen, wo sie herkommen, so daß wir in der Lage sind, etwas gegen Ihre eigenen, ganz speziellen Beschwerden tun zu können.

Wenn irgendein Teil des Körpers zusammenbricht, sind drei ganz grundlegende Dinge passiert.

1. Es findet eine **Verminderung von Energiezufuhr** zu einem bestimmten Gebiet statt, die sich wiederum als Schwächung oder Entkräftung äußert. Heute leidet jeder in gewissem Maße an dieser Art

von Schwächung, die sich in Form von Erschöpfung irgendeines Körperteils, z.B. Rücken, Gehirn, Beine, Finger usw. äußert. Wenn ein Energieverlust lange genug bestanden hat, kommen wir zum …

2. Punkt, der **Funktion.** Nach einer Änderung des Energieflusses haben wir Organe, die zu langsam oder zu schnell arbeiten und es überläuft uns heiß und kalt, wir bekommen Durchfall, Verstopfung, Zahnschmerzen usw. Wenn dies lange genug andauert erhalten wir …

3. **Strukturveränderungen** im Körper. Im allgemeinen fangen Sie an, sich zu diesem Zeitpunkt auch krank zu fühlen und dies ist auch nicht ungerechtfertigt, denn ein organischer Zusammenbruch kann bevorstehen.

Bevor man ernsthaft krank wird, gibt es **sieben Schritte** der Veränderung:

1. **Erschöpfung** – ist wie bereits erwähnt, der gemeinsame Nenner, der sämtlichen medizinischen Problemen zugrundeliegt. Denken Sie hierbei an ein

tägliches Energie-Budget. Wir verbrauchen Energie, wenn wir unseren täglichen Aktivitäten nachgehen, und diese Energie muß irgendwann wieder aufgefüllt werden. Dies wird durch Essen, Schlafen, Sauerstoffaufnahme usw. erreicht.

Wenn Sie sich nachmittags erschöpft fühlen, bedeutet dies, daß sie unter einem Energieverlust in einem bestimmten Teil Ihres Körper leiden, oder es kann sich um eine allgemeine Erschöpfung handeln. Nehmen wir das Beispiel eines Magenkranken. Der Magen ist eines der muskulösesten Organe in Ihrem Körper, aus drei Muskelschichten bestehend: horizontale, vertikale und diagonale. Er ist tatsächlich vergleichbar mit einem Blasebalg, der die Nahrung auf jede nur erdenkliche Art pumpt, drückt, quetscht und schiebt. Er verbraucht ca. sechs Stunden lang Energie für eine durchschnittliche Mahlzeit. Mit anderen Worte, es dauert etwa sechs Stunden, bis ein »normales« Essen verdaut ist. Dafür ist natürlich eine Menge Muskelenergie nötig. Innerhalb dieser sechs Stunden wird vielleicht noch mehrere Male etwas anderes gegessen. Sie können sich also vorstellen, daß der Magen viel Energie braucht, um kontinuierlich zu arbeiten und er wird erschöpft, wenn die verbrauchte Energie nicht irgendwie ersetzt wird. Wenn diese Situation lange genug anhält, müssen wir zu dem Schluß kommen, daß der Magen sein Essen nicht effizient genug verarbeiten und weiterleiten wird, und daß dann anstelle der Magensäfte Bakterien das Essen zerlegen und Fäulnis einsetzt. Das Essen wird faul und verwest dann, anstatt verdaut zu werden. Wenn dies geschieht, fühlen Sie sich aufgebläht, und Sie verspüren wahrscheinlich den Wunsch nach Mineralwasser oder einem Abführmittel, um das System zu manipulieren, damit es sie nicht vergiftet.

Jeder hat eine gewisse Kapazität, um gewisse Mengen an Essen zu verdauen – normalerweise etwa zwei Liter. Etwas mehr als das und Sie überschreiten die Kapazität Ihrer Enzyme. Enzyme zerlegen das Essen, das Sie zu sich nehmen. Wenn Ihr Magen dauernd übermäßig erschöpft wird, werden seine Enzymfähigkeiten reduziert, seine Fähigkeit, Salzsäure zu produzieren wird verringert und sämtliche Zellen, die verantwortlich für die Verdauung sind, werden erschöpft (siehe auch »Fit fürs Leben von *Harvey* und *Marilyn Diamond*). Somit entsteht Schritt zwei …

2. **Gereiztheit.** Dies kann in den Därmen, Nieren oder nur in den Nasenschleimhäuten geschehen. Wenn dies der Fall ist, bemerkt die betreffende Person meist, daß irgend etwas nicht stimmt, eine Empfindlichkeit oder Gereiztheit an irgendeiner Stelle, die die Person vielleicht durch Ignorieren zum Abklingen zu bringen versucht. Bleibt diese Gereiztheit aber lange genug bestehen, erreichen wir das dritte Stadium, denn der Körper sendet automatisch mehr Blut an eine gereizte Stelle …

3. **Entzündung.** Hiermit sind nun sämtliche Krankheiten gemeint, die mit »itis« enden, z.B. Mandelentzündung (Tonsillitis), Meningitis, Gastritis, Arthritis usw. Die meisten »itis«-Krankheiten sind nichts weiter als vermehrtes Blut in einem Bereich, der gereizt ist, denn dort sind Abfallprodukte entstanden, weil das Organ zu müde ist, etwas dagegen zu tun.

   Das System ist einfach zu ermüdet oder das Lymphsystem ist zu überlastet. Folglich wird ein Mensch krank, weil er anfangs geschwächt war. Wenn die Entzündung anhält, entsteht …

4. **Vereiterung.** Sie kann über den allmählich fortschreitenden Prozeß von Erschöpfung, Gereiztheit und Entzündung überall im Körper entstehen. Ist dies einmal geschehen, befinden wir uns bereits im Bereich der Strukturveränderungen, wie bereits vorher erwähnt. Die nächste Stufe ist eine …

5. **Verhärtung.** In diesem Stadium versucht der Körper, den Bereich etwas zu

verhärten. Er versucht, das Gewebe etwas dicker zu machen. Vielleicht gefühllos reduziert er die Sauerstoffzufuhr in diesem Bereich, er versucht tatächlich, eine neue Art von Zellen herzustellen, Zellen, die wirklich widerstandsfähig sind, dick und kräftig. Man könnte sagen: »gegen Reizung erprobt«.

Betrachten Sie einmal ein Geschwür; es sieht aus wie ein kleiner Krater mit einem weißen, harten Rand außen herum. Das ist ein verhornter Rand oder verhornte Haut. Genauso entstehen auch Schwielen an der Hand. Diese Stellen sind zunächst erschöpft, dann gereizt, entzündet und dann entsteht eine Strukturveränderung, es entstehen harte Schwielen. Dies ist ein Schutzmechanismus des Körpers gegenüber anhaltender Reizung. Die Anpassung gegenüber Reizungen bringt aber einige Veränderungen der Funktion mit sich. Im Fall der Handschwielen ist der Mensch nicht fähig, feine Schmuckarbeiten zu machen – es entsteht also ein

Verlust an Funktionen durch das reduzierte Feingefühl. Verhärtung ist auch das Stadium, bei dem Arthritis einsetzt. Kalzium bildet sich um Gelenke und Gewebe. Nieren- und Gallensteine sind ebenfalls Anzeichen dafür, daß eine Verhärtung eingesetzt hat. Wenn die körperlichen Belastungen anhalten, entsteht ein …

6. **Geschwür.** Gewebe, das verhärtet wird, ist in seinen Fähigkeiten behindert Sauerstoff zu verarbeiten, ebenso in der Nutzung von Sauerstoff, denn das Gewebe ist dicker geworden, eine andersartige Zelle ist entstanden, eine undurchlässige Zelle, die am fehlenden Sauerstoff verhungert ist.

   Diese Knoten harten Gewebes können sich überall im Körper bilden und können entweder gut- oder bösartig sein; nun sind sie tumorartig geworden. Der Mensch, der diesen Tumor hat, sitzt vielleicht eines Tages vor einem Röntgenapparat und tut, was die meisten heutzutage tun – sie schauen auf den Bildschirm. Einer der Röntgenstrahlen schießt plötzlich heraus und betäubt das Gehirn einer Zelle.

Diese eine Zelle beginnt nun zu vergessen, welche Art von Zelle sie war, wieviel Sauerstoff sie braucht, welche Rolle bei der Nahrungsversorgung sie spielen sollte und wie schnell sie wachsen sollte. Ein Gärungsprozeß entsteht und man erhält ein Geschwür.

Mit anderen Worten, das Gewebe beginnt sich zu verändern und da Gewebe sich verändern muß, tut es dies auf unkontrollierte Weise. Kleine abtrünnige Zellgruppen werden gebildet, die im Tumor erscheinen (der bisher gutartig war), und plötzlich sind wir bei einem Geschwür angelangt. Dieser Zustand führt dann zu …

7. **Krebs.** In Amerika hat von drei Menschen einer Krebs. Bis zum Jahre 2000 wird jeder in den USA Krebs haben – statistisch gesehen. Wenn man sämtliche Menschen auf der ganzen Welt, die im medizinischen Bereich tätig sind, zusammenzählt, kommt man zu dem Schluß,

daß sich die eine Hälfte der Welt um die andere kümmert, um deren Gesundheit zu erhalten oder sie wegen verschiedener Krankheiten zu behandeln.

In diesem Stadium beginnen sich also wichtige Dinge zu entwickeln. Das Immunsystem des Körpers wird praktisch außer Kraft gesetzt und Krebszellen entstehen. Der einzige Weg, dies zu verbessern, ist das Stadium 7 (die Krebszellen) nicht zu behandeln, sondern an die Wurzeln des Problems zu gehen und das Stadium 1 zu korrigieren, nämlich, diesem Bereich wieder Energie zuzuführen, indem man die Abfallprodukte, die sich angesammelt haben, entfernt.

Abfallprodukte sind Ursache aller organischen Krankheiten. Entweder sind dies Abfallprodukte, die der Körper selbst erzeugt hat, oder solche, die von außen an den Körper herangetragen wurden. Zum Beispiel Chemikalien in der Umwelt, Verschmutzung, schlechte Luft, Schmutz und Rattengift in Ihrer Wasserversorgung – all diese Faktoren summieren sich zu Umweltstreß für den Körper, dem er sich anpassen muß. Hoffentlich paßt er sich nicht an, indem er einen Tumor mitten auf Ihrer Stirn bildet. Das ist nicht die Art von Anpassung, die wir brauchen. Im allgemeinen kommt es also zu folgender Formel:

Erschöpfung verlangsamt die Ausscheidung,

verlangsamte Ausscheidung verursacht Toxine oder Blutvergiftung,

Blutvergiftung verursacht Reizung,

das Vorhandensein von Toxinen (Giftstoffe) verursacht Reizung,

Toxine und Reizung verursachen weitere Erschöpfung.

Der Amerikaner *Dr. John H. Tilden* hat m.W. die Vergiftung des Körpers mit Giftstoffen (Toxinen) als einer der ersten als Ursache von Krankheiten erkannt und hat diesen Vergiftungszustand »Toxämie« genannt.

Es ist wichtig, festzustellen, daß das Vorhandensein dieser Dinge Energie benötigt, um das Problem zu korrigieren.*

---

* Siehe *Dr. John H. Tilden* »Mit Toxämie fangen alle Kranheiten an«.

Der »Vital-Transmitter« verhält sich hierzu folgendermaßen: durch ihn können wir das lymphatische System wieder in Bewegung bringen. Ein »Gesundheitsschwingen« bewegt das Lymphsystem tatsächlich 10mal schneller, als wenn Sie sitzen.

Wenn Sie die Lymphflüssigkeit bewegen können, dann unterstützen Sie die Beseitigung der Toxine, und wenn die Beseitigung der Toxine erleichtert wird, dann verbraucht der Körper nicht soviel Energie zur Beseitigung von Abfällen. Wenn Sie eines Morgens mit einer weißen Zunge oder mit Kopfschmerzen oder trübselig aufwachen, so ist dies nicht normal, denn dann hat Ihr Körper nicht genügend Schlacken ausgeschieden.

Es wird aber als normal betrachtet, weil fast jeder darunter leidet. Die meisten Menschen glauben sogar, dies sei so normal, daß sie Hilfsmittel entwickelt haben, um das Problem zu bekämpfen, und zwar mit einem Zungenkratzer oder einem Abführmittel. Nun hat kaum noch jemand eine normale Darmtätigkeit. Erinnern Sie sich, nicht die aufgenommene Nahrung bewegt die Därme, sondern die Därme bewegen den Nahrungsbrei. Wenn Sie ein Abführmittel nehmen, identifiziert es der Darm als Gift und versucht es sofort wieder auszuscheiden. Es kann auch sein, daß es der Darm zurückweist und es in der falschen Abteilung landet. So gelangt es vielleicht in die Blase und der betreffende Mensch muß den ganzen Tag Wasser lassen.

Diese Substanzen heißen Laxantien und nur weil einige Menschen sie mit gewissem Erfolg benutzen, heißt das noch lange nicht, daß sie gut sind. Sie sind tatsächlich Gifte und der Körper wird damit fertig, weil er mit Ausscheidungsarbeiten zu tun hat. Dieses ganze Medikamentensystem, das wir benutzen, ist als ob wir sagen – *»schauen wir mal, ob wir den Körper zu einer besseren Gesundheit vergiften können, ohne daß er es merkt, oder, laßt uns ein Gift finden, welches das entgegengesetzte Symptom von dem erzeugt, was wir gerade erleiden«*. Mit dieser Denkweise setzen wir den Körper erfolgreich unter Drogen. Ein sehr einfaches Denken. Es ist eine Methode eine Krankheit zu »heilen«, indem man eine andere schafft.

Der »Vital-Transmitter« befähigt uns, dies auf bioenergetische Weise zu korrigieren. Krankheiten, ganz gleich welcher Art, muß man behandeln, indem man dem betreffenden Organ wieder die nötige Energie zuführt. Das Schwingen auf dem Transmitter ermöglicht dem Körper, sich sofort wieder mit Energie aufzuladen und sie dorthin zu leiten, wo sie benötigt wird. Wie eine Batterie kann der Körper so seine Energie speichern.

Was ich Ihnen sagen will, ist folgendes: Sie sind nur so gut beieinander, wie die Beseitigung der Abfallstoffe es Ihnen erlaubt. Morgens wachen sie praktisch in Ihrem eigenen Abfall ertrinkend auf. Während des Schlafs ist Ihr Körper mit der Abfallbeseitigung beschäftigt und morgens sind die Lymphknoten erschlafft und brauchen neuen Antrieb. Ohne Energie fangen Sie den Tag, körperlich gesehen, schlecht an und bis zum Abend sind sie womöglich noch müder und erschöpfter.

Schließlich kann Ihr Körper auf diese Abfallansammlung mit einer Erkältung reagieren und Sie nehmen an, sie wurde von einem »Virus« verursacht, der gerade herumgeht. Nun, das ist aber nicht wahr.

Was für ein Typ sind Sie?

Da es oft eine Vielfalt an Mißverständnissen über unser eigenes Verhalten gibt – warum sich mancher Mensch so und nicht anders benimmt – möchte ich gern die wichtigsten Punkte zu unseren Menschentypen erklären.

Wir sind auf einer Party eingeladen und bemerken auf einmal, wie sich das Benehmen unserer Freunde ändert. Manch einer wird unter Alkoholeinfluß melancholisch, weinerlich und zieht sich zurück. Der andere wieder tobt, schreit, brüllt und will am liebsten seine unkontrollierte Energie mit einer Schlägerei entladen. Manche Menschen vertragen sich, verstehen sich ausgezeichnet, manche stoßen sich gegenseitig ab. Für den einen ist jemand ein eigenartiger Typ, für den anderen der beste Freund. Warum stirbt einer an Herzversagen, während der andere an Krebs stirbt?

Hier ist eine Erklärung warum:

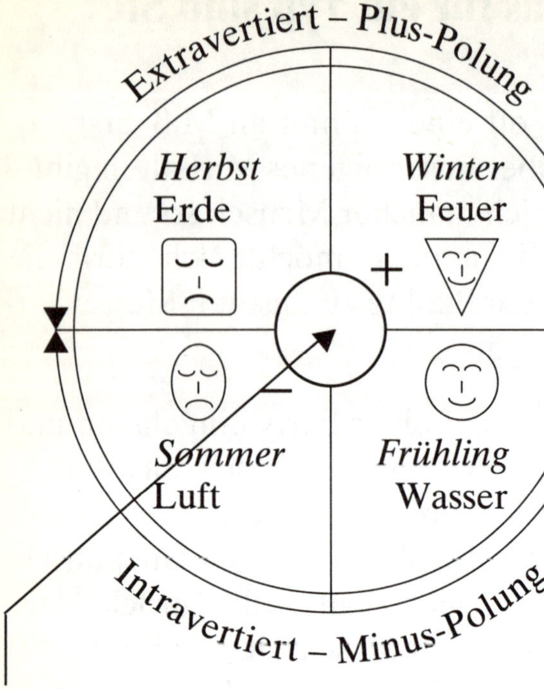

Das Zentrum: In diesem Feld sich zu bewegen, bedeutet Harmonie.

Sie haben sicherlich schon diese interessanten Formgestalten der vier verschiedenen Kopfformen beobachtet. Das Erdenelement quadratisch in seiner Form und das Feuerelement, ein Dreieck in seiner Form. Sie gehören zur extravertierten Verhaltensweise. Diese Menschen sind elektrisch geladen. Heiß. Sie haben eine nach außen gehende Tendenz. Das Luftelement oval und das Wasserelement rund, gehören zum introvertierten Verhalten. Die Menschen sind magnetisch geladen, kalt, mit einer nach innen gehenden Tendenz.

Das sind die vier Jahreszeiten, in die wir praktisch geboren werden. Es hat auch tatsächlich etwas mit den bio-elektrischen und bio-magnetischen Lebensimpulsen der verschiedenen Jahreszeiten zu tun; wie wir von Natur aus denken, fühlen und unseren Körperbau formen.

Der extravertierte Mensch braucht mehr liegende Bewegungen auf dem »Vital-Transmitter«.

Der introvertierte hingegen bekommt seine Balance und Freude an der Bewegung, wenn er stehende Übungen durchführt.

Extravertiert entspricht in etwa dem Yang-Typ der chinesischen Medizin; intravertiert dem Yin-Typ.

Worauf beruhen nun diese Regeln?

Entdeckung energetischer Muster mit der Bioplasma-Fotografie

Energetische Muster

Methoden, die eine Beurteilung zulassen, gibt es genug. Es gibt jedoch nur wenige Methoden, deren Ergebnisse nicht an die Subjektivität des Untersuchers gebunden sind. Aus diesem Grund wählte ich die Plasma-Fotografie. Die unter »Psychische Muster« aufgeführten Verhaltensmuster korrespondieren mit energetischen Strukturen und führen zu bestimmten Mustern von Muskeltonusveränderungen. Diese Tonusveränderungen korrelieren mit segmental zugeordneten auffälligen Energiestrahlungswerten.

Jede Krankheit tritt, wie auch jede Lebensform, durch die Vorherrschaft der Minuspolarität oder Pluspolarität in zwei unterschiedlichen Formen auf. Dadurch wird eine unterschiedliche Bewegungsmethode mit entsprechend polarisierten Berührungspunkten auf die Körperorgane notwendig, was bisher nicht berücksichtigt wurde. In dieser Hinsicht nimmt außerdem die Veranlagung und Zugehörigkeit zu einem der beiden Typen einen übergeordneten Platz ein. Diese Typenzugehörigkeit liegt bereits unveränderbar bei der Geburt fest, genauso wie z. B. die Geschlechtsorgane, die unterschiedlich polarisiert sind.

Die zwei Menschen-Typen und ihre Kranheitswege*

Typ 1

Erde und Feuerelement –
*Der »Sympathikus« oder »Extravert«:**

Es gibt den Plus-Typ mit der Veranlagung zu Wucherungen (Proliferation). Es handelt sich hier um Übersensibilität der weitenden Aktivitäten der Peristaltik (Darmtätigkeit). Sie führt zu Symptomen des rheumatischen Formenkreises, zu Ödemen, Polypen, Schwellungen aller Art, wie z. B. Tumoren. Zuständig hierfür

* Die zwei Menschentypen werden in der chinesischen Medizin schon seit Jahrtausenden berücksichtigt: Yin-Menschen und Yang-Menschen. Yin-Krankheit und Yang-Krankheit. Die Chinesen sehen das Yin-Yang-System seit Jahrtausenden im gesamten Kosmos.

ist allein die Programmierung der Plus-Herrschaft!

Typ 2

Luft und Wasserelement –
Minus-Typ mit der Veranlagung zu Verkrampfungen (Spasmen).

Es handelt sich um eine Übersensibilität der verengenden Aktivitäten der Peristaltik der Gefäße. Sie äußert sich im Ernstfall im Herzbereich als Infarkt oder Kreislaufstörung. Im Gehirnbereich als Apoplexie (Schlaganfall). Das dramatische Ereignis findet jedoch im Zellkern statt (Immunschwäche).

Zuständig dafür ist allein die Programmierung der Minus-Herrschaft.

Bei beiden Typen sind zuerst die sogenannten »Schwachstellen« betroffen.

Das psychische Verhaltensmuster des Sympathikotonikers (Typ 1) Erde und Feuerelement

Der Sympathikus oder elektrisch gepolte Typ. Dieser wird dem Erden- und Feuerelement zugeordnet.

Diese Menschen schwingen ihre Aktivitäten mehr nach außen. Zum Beispiel haben Schulkinder dieser Art in einem Klassenzimmer die größten Schwierigkeiten, sich gut zu benehmen. Sie sind rastlos, unkonzentriert, albern herum und sind vielfach dem Lehrer ein Dorn im Auge. Sie stören den Unterricht. Studien haben gezeigt, daß diese Schüler nach fünf Minuten schwingender Bewegung auf dem »Vital-Transmitter« wieder ruhiger und konzentrierter arbeiten konnten. Sie brauchten eine Entladung ihrer überschüssigen elektrischen Energie. Die Klassenräume beengen sie und sie versuchen, mit ihrem störenden Benehmen unbedingt diese Fesseln zu sprengen. Das hat also mit lernunwilligen oder unartigen Kindern nicht immer etwas zu tun.

Als Sport- und Turnlehrer im St' Clare's College, Canberra (Australien) habe ich recht interessante Zusammenhänge bei Schülern und Studenten beobachtet. Schüler, die im Klassenunterricht einfach nicht zurechtkamen und sich unmöglich benommen haben, waren auf meinen Schulausflügen, auf Bergwanderungen wie umgewandelt in ihrem Benehmen. Sogar die schlimmsten Schüler hatten es zu meinem Erstaunen fertiggebracht, sich mit mir stundenlang auf unseren Wanderwegen zu unterhalten. Dabei mußte ich feststellen, daß es sich hier nicht nur um gewöhnliche Diskussionen oder Geplauder handelte. Es waren Gespräche großer geistiger Weisheit über das Leben, über Menschen und Dinge, wie man sie von gelehrten Persönlichkeiten nicht oft zu hören bekommt. Das war für mich jedes Mal eine Wohltat.

Aber wie kam es dazu? Ein Kind oder Erwachsener fühlt sich immer nur so gut wie es beeinflußt wird. Der Einfluß – das geordnete oder ungeordnete bioenergetische Feld bestimmt das Benehmen des einzelnen Menschen.

Der innere polare Mechanismus steht im gesunden oder kranken Verhältnis zum äußeren polaren Partner. Da möchte ich auch auf die Ordnungsgestaltung der Feldmatte und Konstruktion des »Vital-Transmitters« hinweisen. Dieses Muster ist ein Ordnungsmuster.

Bernhard Eppich mit dem Transmitter.

Durch schwingende Bewegung gerät unser Körper in Resonanz und sucht die im Körper wohnenden Energiefelder mit dieser Resonanz zu synchronisieren (siehe *Bioplasma-Aufnahme*). Das bio-energetische Feld des Körpers wird wieder zur Ordnung erzogen! Diese Bewegungen sind im Grunde genommen ganzheitliche Schulungs- oder Erziehungs-Instruktionen. Die kriminellen Verhaltensweisen vieler Menschen bringen in ihrem Verhalten nichts anderes zum Ausdruck als das Bild ihres polaren Umfeldes, das sie beeinflußt. Was einfließt, muß auch wieder ausfließen. Wie das Prinzip vom Echo!

Man fragt sich oft, wieviel junge Menschen es fertigbringen, einen Mord zu begehen. Geht man dieser Sache auf den Grund und sieht, wie diese Verbrechen ursprünglich inszeniert wurden, wird einem unwillkürlich klar, wo der Hase im Pfeffer sitzt. Das gleiche Prinzip gilt für Drogensüchtige und sämtliche Krankheiten. Studien in Amerika haben gezeigt, daß sich acht von zehn jugendlichen Verbrechern von frühester Kindheit an zum Großteil mit toter, denaturierter Nahrung ernährt haben. Das Töten fällt solchen Menschen auch gar nicht schwer. Nahrung hat einen großen Einfluß auf unser Wohlbefinden. Sie nährt und stimuliert jede Zelle des Körpers, also auch die verantwortlichen Zellen und Reize des Gehirns. Konsumieren wir lebendige (bioenergetische) Nahrung, so wird unsere Kommunikation auch lebensinspirierendes Denken zum Ausdruck bringen.

Die Disposition oder Bereitschaft für eine chronische Erkrankung oder für gestörtes Verhalten differiert von Mensch zu Mensch. Eine einfache Erklärung für dieses Phänomen ist, daß sich jeder den für den Krankheitseintritt notwendigen Feldeinfluß im Sinne spezifischer energetischer Muster, Grundmilieu und Fehlverhaltensmuster aufbereitet.

Die Erkrankung wird somit zu einer von der Persönlichkeit abhängigen Ausdrucksform. Jedes Fehlverhalten, Fehlverhältnis in unserem menschlichen Benehmen setzt bestimmte Muster voraus und greift wie ein Schlüssel ins Schloß. Der eine wird mit diesem Schlüssel zum Schloß des Verbrechens geführt (Krankheit) und der andere zum Schloß des ganzheitlichen Bewußtseins. Ich erkenne hierin die Notwendigkeit und Dringlichkeit der Schulung der Bioplasma-Aufnahme-Fotografie. Diese energetische Erkenntnisgewinnung und die Konfrontation unserer eigenen energetischen Verhältnisse auf dem Foto führen uns mit dem Schlüssel zum Schloß des ganzheitlichen und bewußten Denkens.

Nichts entgeht dem geistigen Auge des bioenergetischen Sehens und Hörens; es wird aufgezeigt wie die Dinge in Wirklichkeit sind. »Das Licht läßt sich nicht hinters Licht führen!«

Das psychische Verhaltensmuster des Vagotonikers (Typ 2) – Luft und Wasserelement

Dieser Menschentyp schwingt mehr nach innen oder nach unten oder auch ins tiefe Wasser. Der Vagotoniker ist magnetisch gepolt. Kühl. Er denkt viel, sinniert fast zu viel. Seine Denkensart sucht sich im digitalen oder linearen Bild zu ordnen. Kommen diese Bilder nicht mehr klar und sichtbar durch, werden solche Menschen unter großen seelischen Druck und Streß gesetzt. Das Denken über ihr Leben will sich nicht mehr nach innen orientieren, sondern will sich der Außenwelt gegenüber rechtfertigen. Da diese Außenwelt jedoch so ungeordnet ist und ein chaotisches sinnloses Durcheinander anzeigt, entsteht plötzlich eine Überladung der inneren Kräfte. Die Folge dieser Überladung bedingt einen Kurzschluß. In diesem Augenblick befinden sich die Vagatoniker im Dunkel. Diese Dunkelheit läßt erkennen, wie sinnlos dieses Leben eigentlich ist und sie überlegen sich jetzt, wie sie aus dieser Sinnlosigkeit heraus eine konsequente Lösung finden können.

Der Vagotoniker ist ein Genie im linearen konsequenten Handeln. Die Lösung dieser Probleme wird durch ein Bild der Kapitulation geformt. Sie ziehen sich total zurück. Wollen niemanden sehen und hören. In der Zwischenzeit hat sich jedoch das Bild von ihrer Kapitulation weiter ausgebildet.

Der nächste Schritt ist der unmittelbare Gedanke zum Selbstmord. Wir wissen heute durch unsere Statistiken, daß die Selbstmordrate unter unseren Jugendlichen ständig zunimmt. Das ist eine weltweite Tendenz.

Unsere Politiker schweigen darüber. Wenn wir das Bild unserer Gesellschaft betrachten, angefangen bei Familie, Schulen, Religionen bis zu den Regierungen, dann begegnen wir, um ganz ehrlich zu sein, einer grenzenlosen Leere und Hunger nach Verstandensein.

Das findet man nicht im weltlichen, materiellen Bewußtsein. Das finden Sie in erster Linie durch ein geistiges Bewußtsein. Ist diese Qualität unserer Bürger und Jugendlichen durch ein systematisches Erziehungsprogramm zum mechanischen Bewußtseinsdenken verloren gegangen?

Der gefährlichste Virus unserer Zeit ist der mechanische Selbstvernichtungstrieb. Es gilt, die ursprüngliche Qualität unseres Bewußtseins wieder zu erlangen.

Dies kann durch gezielte und sinnvolle Schwingübungen auf dem »Vital-Transmitter« erreicht werden.

Die bioenergetische Synchronisationstechnik mit dem »Vital-Transmitter«

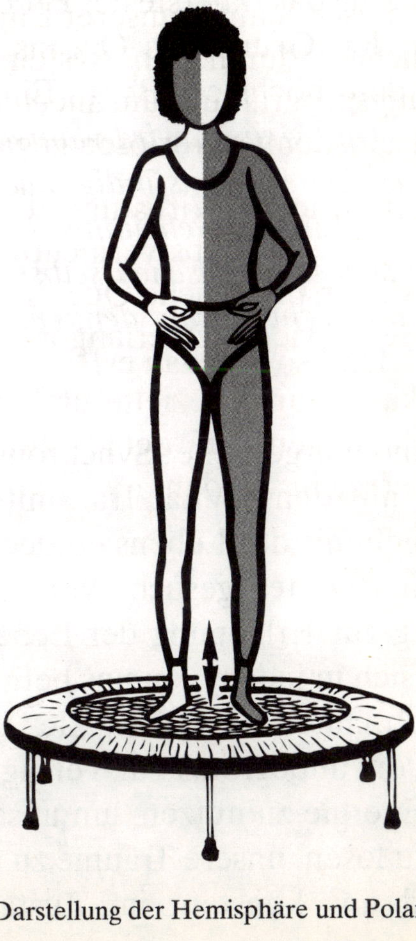

Grafische Darstellung der Hemisphäre und Polarität.

Einer alten Sage nach beriet Gott mit seinen Engeln den Ort, an dem das Geheimnis des Lebens versteckt werden sollte, damit es den Menschen so schwer wie möglich würde, es zu entdecken. Ein Engel schlug das Innerste der Erde vor, ein anderer den Grund des Ozeans und ein dritter den höchsten Berg. Ein vierter meinte: *»Der Mensch wird wahrscheinlich alle diese Verstecke ausfindig machen; der einzige Ort für das Geheimnis des Lebens befindet sich im Menschen selbst. Er wird im Traum nicht daran denken, dort zu suchen.«* Und so geschah es!

Die bioenergetische Synchronisationstechnik mit dem »Vital-Transmitter« hat das Geheimnis des Lebens entdeckt, nach dem seit Urzeiten gesucht wurde. Sie hat den Weg zur Erlangung der Lebensenergie, die sich in jedem von uns befindet, für die Menschheit enthüllt. Sie hat uns gezeigt, die unbegrenzt zur Verfügung stehende Energie zu nutzen, um unsere Probleme zu lösen, unsere Träume zu realisieren und uns konstant im Zustand von

Ausgeglichenheit und Harmonie zu wiegen.

Auf welche Weise auch immer Sie mit dieser einzigartigen Trainingsmethode bekannt werden – entdecken Sie für sich selbst eine dynamische, neue Denkweise und ein neues Lebensgefühl, das so vernünftig, intelligent und emotional befriedigend ist.

Bio-Energietraining stützt sich sowohl auf uralte Weisheiten als auch auf die moderne Wissenschaft, um höchste Ziele des Menschseins im täglichen Leben zu verwirklichen. Es handelt sich nicht um ein genau umrissenes Trainingssystem, sondern kann erweitert werden und neue Gesichtspunkte hervorbringen.

Den Übungen liegt ein altes, intuitiv entwickeltes Konzept zugrunde, das die moderne Wissenschaft bestätigt.

Grundsätzlich ist unser Universum, in dem wir leben, geistiger Natur. In, durch und hinter jeder Materie existieren nichtstoffliche Quellen: Intelligenz, Vorsatz, Gesetz und Ordnung: alles Sein.

Manche nennen diese Quelle Gott, andere Leben, universelle Intelligenz, unbegrenztes Bewußtsein, absolute Realität usw. Ich glaube, daß alle Schöpfung in Gottes Bewußtsein beginnt und sich dann manifestiert; daß alle Schöpfung ein Ausdruck Gottes ist.

Philosophisch gesehen ist Bio-Energietraining eine praktikable Methode auf dem »Boden der Tatsachen«, über die Beschaffenheit des Universums und die Beziehung der Menschheit ihm gegenüber nachzudenken.

Sie bedenkt den Standort des Menschen im Schema der Dinge und wie er seinen Möglichkeiten entsprechend die größtmögliche Entfaltung erreichen kann.

Aus theosophischer Sicht ist dieses Training etwas, woran man glauben und in das man Vertrauen setzen kann, was in jeder Hinsicht des Lebens bedeutsam ist.

Als wissenschaftlichen Aspekt präsentiert es spezifische, festgelegte Ideen, die jeder für sich selbst in seinem Leben mit seinen Erfahrungen demonstrieren kann.

Bestimmte Methoden, Techniken und Verfahrensweisen werden angeboten, die, richtig angewendet, uns in die Lage versetzen, eine bessere Lebensart zu entdecken und zu erfahren. Dieser Prozeß hebt das Ritual ab vom reinen mechanischen Vorgang und läßt es höchste Effektivität erlangen.

Metaphysische Ideen und wissenschaftliche Erkenntnisse stehen in Beziehung zueinander und ergänzen sich wie Materielles und Immaterielles.

Zahlreiche Untersuchungen zeigen, wie sinnvoll und denkbar einfach die Anwendung dieser Bewegungstechnik ist. Sie bietet die Möglichkeit, das tägliche Leben zu meistern.

Plasmaprint
Vor bioenergetischem Synchronisationstraining auf dem Vital-Transmitter.
Frau: B. Pittmann, Sydney, Beruf: Hausfrau, Alter: 56
Klinischer Befund: Kreislauf- und Stoffwechselbeschwerden

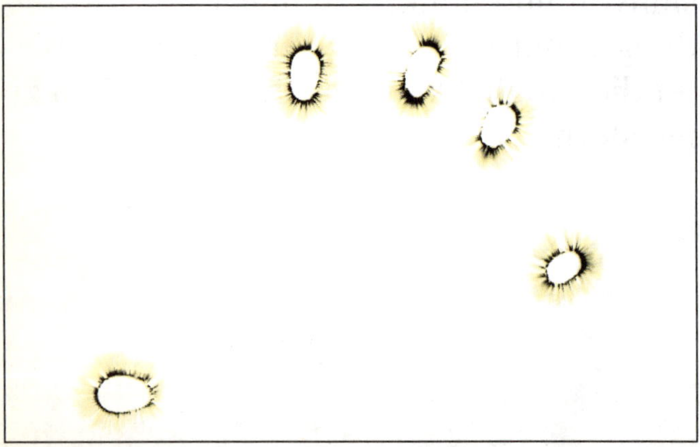

Plasmaprint
Nach bioenergetischem Synchronisationstraining auf dem Vital-Transmitter

Philosophie des Vitaltrainings

(Bioenergetisches Synchronisations-Training)

Elemente eines holistischen (ganzheitlichen) Kontexts.

Je mehr wir von uns selbst in Beziehung setzen zum Leben, je klarer wird unser Bild von uns selbst. Je intensiver wir uns mit der Frage beschäftigen, wer und was wir eigentlich sind, um so eher erkennen wir unsere wahre Aufgabe im Leben.

Die *Bioplasma-Aufnahmen* zeigen ein genaues, detailliertes Bild unserer energetischen Musters

Balance

In jedem von uns steckt eine intelligente Lebenskraft, die uns in Harmonie und Gleichgewicht hält – körperlich, geistig und seelisch. Wenn wir bedroht oder verletzt sind, nimmt diese Kraft sich des Problems an und versucht, den Umständen entsprechend bestmöglich zu reagieren. Diese innere Lebenskraft, wohlweislich zweckgebunden, ist immer bestrebt, Ganzheitlichkeit mit ihren entsprechenden Bedingungen zu schaffen, auch wenn wir uns selbst blockieren mit starren Einstellungen, negativ besetzten emotionalen Reaktionen, einer zerstörerischen Lebensweise oder schlechten Gewohnheiten. Probleme treten auf, wenn diese Kraft nicht voll zum Ausdruck kommen kann.

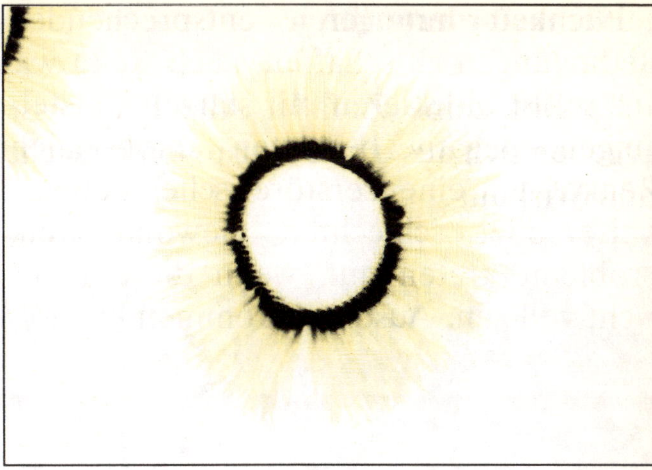

Herausforderungen

Es gibt keine Zufälle. Alle Ereignisse ergeben sich aus dem Prinzip von Ursache und Wirkung.

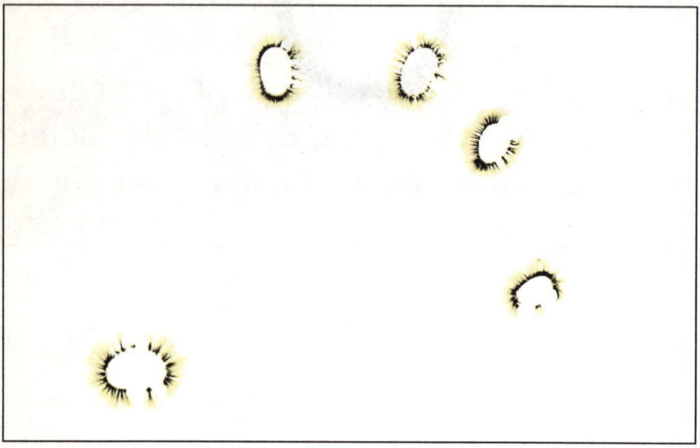

Vor dem Sonnenbaden.

30 Minuten nach dem Sonnenbaden.

Die Frequenz durch zu starke UV-Strahleneinwirkung der Sonne hat das endokrine System erschöpft.

Die Art der Herausforderungen, mit denen wir konfrontiert werden oder uns auseinandersetzen, läßt uns vielleicht erkennen wie und wohin wir den Lebensfluß sowohl in unserem Körper als auch in unseren Erfahrungen ableiten oder ablenken. Wenn wir den Willen haben und ehrlich genug mit uns selbst sind, und so zu einer tiefen, grundlegenden Ausgewogenheit gelangen, können wir unsere Lebensumstände positiv verändern.

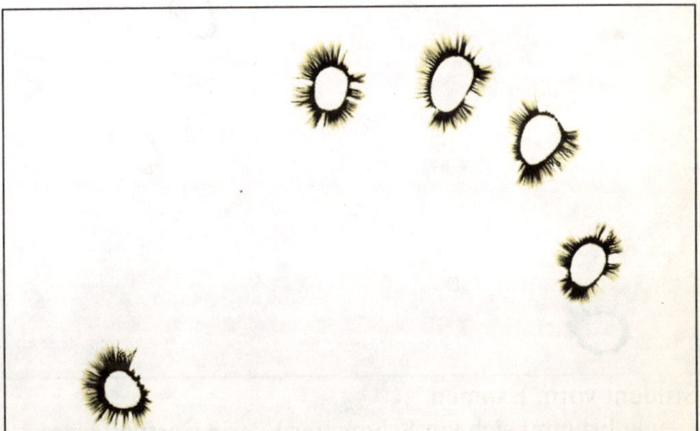

Vor einer Tasse Kaffee.

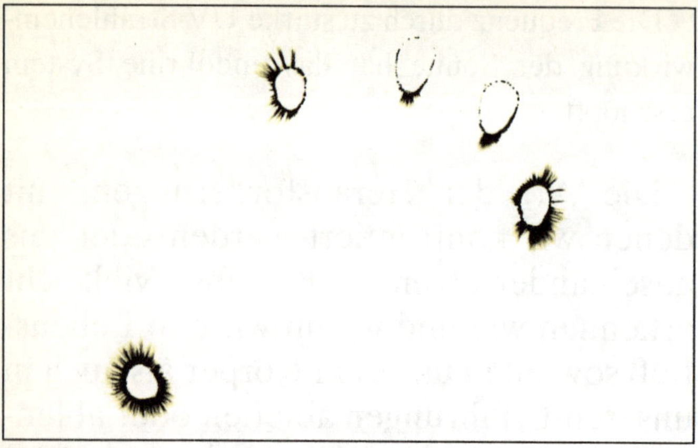

30 Minunten nach einer Tasse Kaffee.

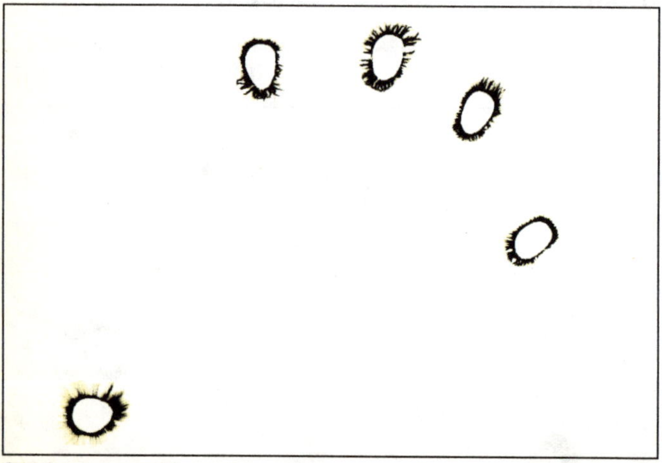

Student vorm Examen
(Seele krümmt sich vor Schmerzen) – wie wertvoll wäre hier das Vitaltraining gewesen!

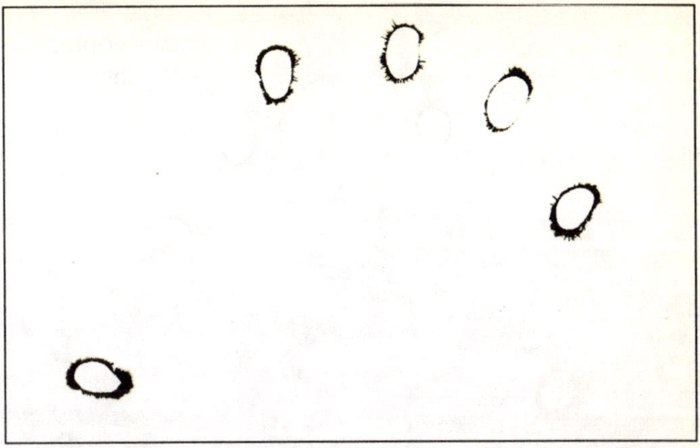

Nach dem Examen (totale Erschöpfung, Energiedefizit).

Freudig Verantwortung für unsere Situationen und Umstände übernehmen heißt, unser Leben auf jeder Stufe zu bereichern. Schließlich sind wir es selbst, die den Hang zu Mißklang und Disharmonie ändern können. In dieser Hinsicht sind wir alle selbstverantwortlich.

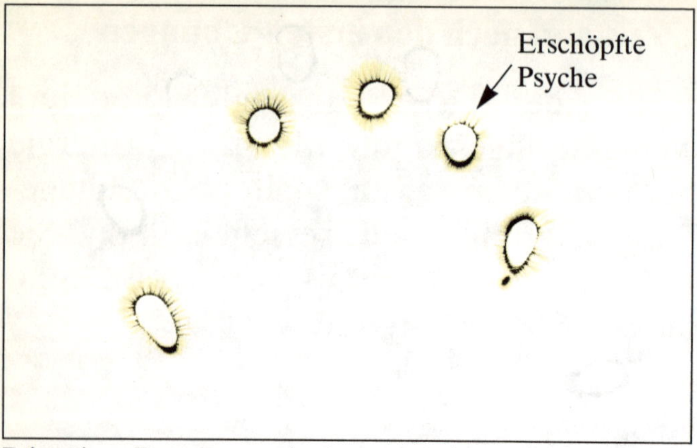

Print eines Beamten nach einem Arbeitstag (erschöpfte Psyche).

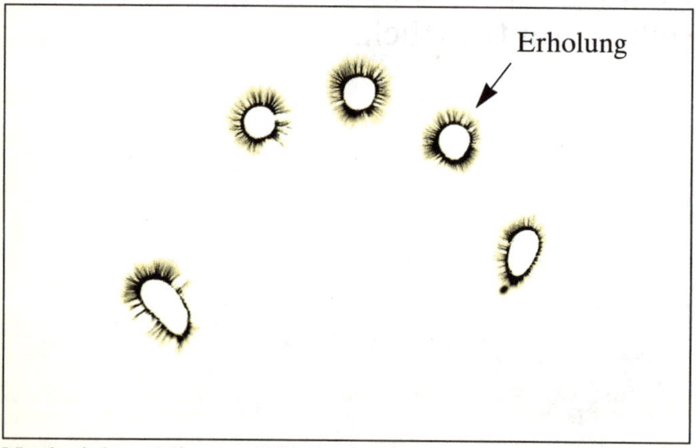

Nach sieben Minuten Vitaltraining.

Zustand nach den ersten Übungen

Sie sind stärker, ausgeglichener und weniger angespannt. Mit Ihrer Energie können Sie besser haushalten. Die Umgebung mag Ihnen heller erscheinen und Sie fühlen sich frischer als vorher. Sie sind lebendiger, wacher und bewußter.

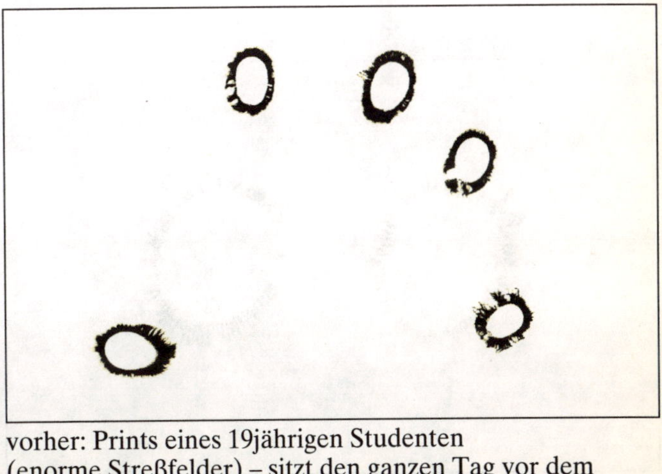

vorher: Prints eines 19jährigen Studenten (enorme Streßfelder) – sitzt den ganzen Tag vor dem Computer.

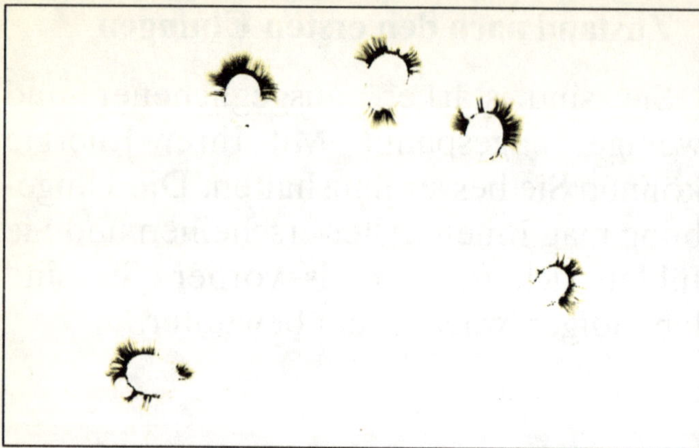

Nach 7minütiger Übung . (Entspannung u. Erholung)

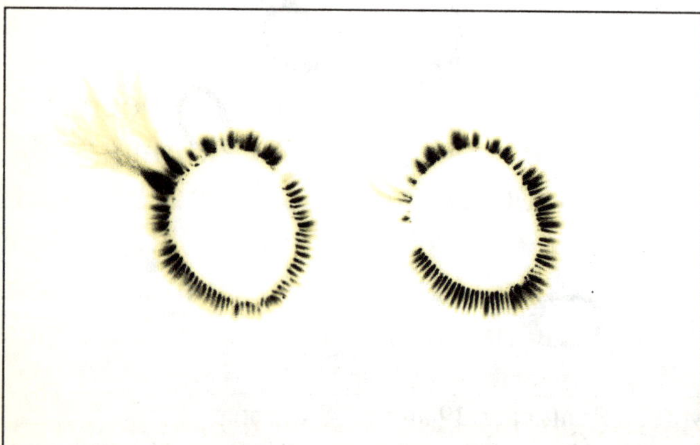

vorher: Prints einer 72jährigen alten Dame

Nachher: Verbesserung der Zirkulation in der Fuß-Region.

Rein **physisch** können Sie jetzt Ihr Unterbewußtsein dahingehend beeinflussen, seine spontanen Reaktionen, die durch unnötige Alarmbereitschaf blockiert waren, wieder aufzunehmen. Jetzt haben Sie Zugang zu Ihren Selbstheilungskräften. Das ist wichtig, denn Ihr Körper ist ein sich selbst korrigierender Mechanismus, der entsprechend den Notwendigkeiten reagiert, wenn man sich in »Balance« befindet.

Begrenzte Energie, Alarmbereitschaft.

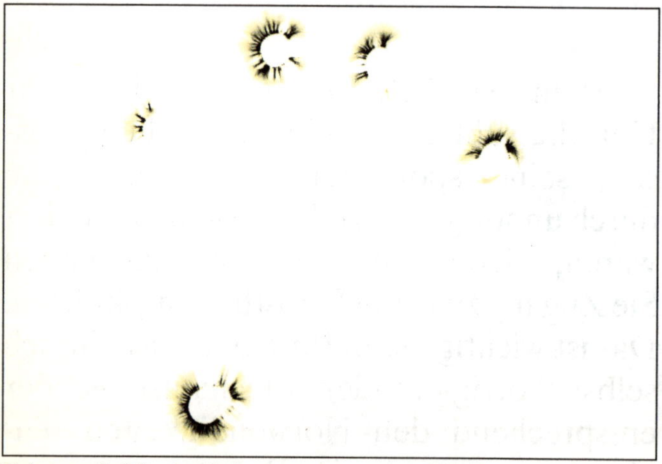

Print nach Vitaltraining, regenerative Form.

Mental betrachtet können die linke und rechte Hemisphäre des Gehirns nun in Einklang gebracht werden. Je länger dieser Einklang verstärkt, gepflegt und erhalten wird, um so stabiler wird man in sich selbst und kann selbstbestimmend handeln; läßt die Fäden nicht mehr so leicht durch andere ziehen. Diese Fähigkeiten sind notwendig, um mit der heutigen streßbeladenen Zeit und Kultur adäquat umzugehen.

Geistig gesehen werden Sie stärker im Einklang mit Ihrer inneren Kraftquelle, Inspiration und Weisheit sein. Meditation und die Erlangung inneren Friedens wird einfacher. Die Wahrheit ist, daß alles besser funktioniert, wenn Sie sich im Gleichgewicht befinden.

Optimales Funktionieren hat absoluten Vorrang.

Korrektive Veränderungen

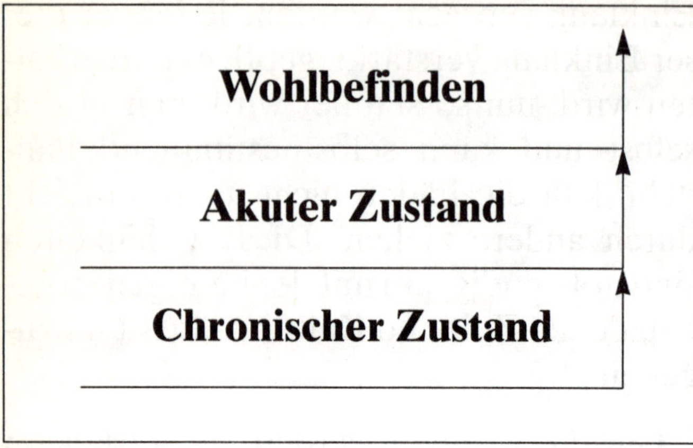

Die drei Stadien von Heilung und Fitneß durch Ihren Vitaltrainer.

Bioenergetische Synchronisationsübungen helfen, vom chronischen oder akuten Stadium zum Wohlbefinden zu gelangen.

Es sind heilsame, korrektive Veränderungen zu durchleben, um anhaltende Balance und Ausgewogenheit zu erreichen. Wenn wir »aus dem Gleichgewicht« sind und uns niedergeschlagen fühlen, dann ist nicht alles »eitel Sonnenschein«. Zurück in der Balance und aufgerichtet muß auch nicht zwangsläufig alles rosig sein; doch das Gute daran ist, der Weg dorthin ist 12mal schneller und viel einfacher!

Verspannungen und Depressionen

Die Übungen für den Prozeß zur Wiederherstellung des Gleichgewichts lösen nicht direkt muskuläre Verspannungen. Der unmittelbare Effekt besteht darin, daß die feinstoffliche Lebenskraft innerhalb der körperlich-geistig- und seelischen Sphäre verbunden wird. Wenn die beiden Hemisphären im Einklang sind, werden Kurzschlüsse durch Streß vermieden und mehr Stabilität erreicht. So kann Energie effektiver genutzt werden. Gleichzeitig bauen sich schwache Muskelgruppen wieder auf, und Verkrampfungen lösen sich.

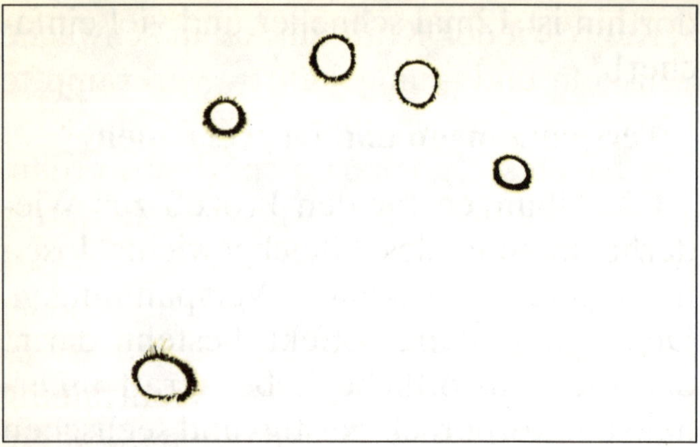

Vor der Vital-Synchronisation (Person leidet an schwerer Depression).

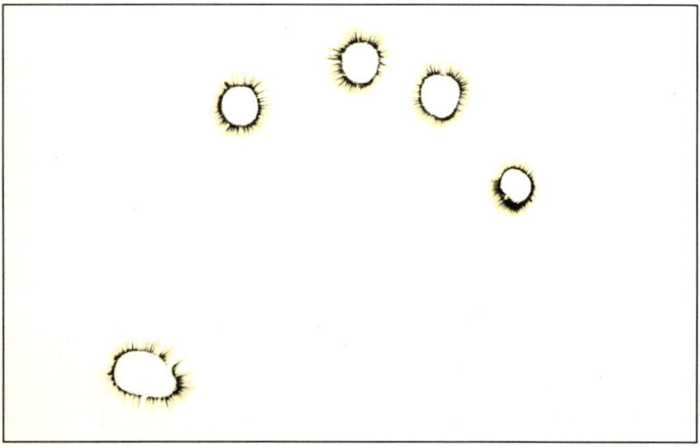

(Ergebnis nach 3monatigem Training)

Kehrt wieder Kraft zurück in schwache Muskeln und – umgekehrt – verkrampfte Muskulatur entspannt sich, kann zunächst ein leichtes Unbehagen spürbar werden. Das ist normal. Ein wirklich verkrampfter Muskel bzw. einer, der über lange Zeit verspannt war, wehrt sich zuerst gegen die Veränderung. Aus diesem Grund ist es möglich, daß Sie nach dem Vitaltraining eine eher stärkere Verspannung spüren, jedoch nur für einen kurzen Zeitraum. Das Muskelsystem des Körpers korrigiert sich – bei entsprechendem Training – auf natürliche, kraftvolle Weise. Eine heiße Dusche im Anschluß ist meistens sehr förderlich.

Veränderungen des Gefäßsystems

Bei sehr starken Verspannungen im Nackenbereich treten früh Änderungsreaktionen auf, die deutlich spürbar sind. Dies betrifft hauptsächlich Menschen, die über einen langen Zeitraum hinweg sowohl im Nacken- als auch im Schulterbereich verspannt waren. Häufig liegt auch eine lange Geschichte von Gehörproblemen vor, mit Symptomen von Schwindel, Geräuschen und schlechtem

Hören. Dazu zählen auch Symptome wie geistige Abgeschlagenheit und Vergeßlichkeit (besonders unter Streß), und Symptome in Bereichen des Kopfes, wie Druck, Benommenheit oder Kopfschmerzen.

Wenn nun die Spannungen im Nackenbereich nachlassen, sinkt der überhöhte Blutdruck im Kopf drastisch.

(Stellen Sie sich einfach einen abgeknickten Gartenschlauch vor, der, plötzlich losgelassen, erst einmal eine Fontäne hervorschießen läßt, bis das Wasser ganz normal fließt.)

War der Nacken chronisch verspannt, wird das Blut mit weniger Kraft in den Kopf befördert und die Blutgefäße, die für den Rücktransport sorgen, haben keine Schwierigkeiten mehr mit zu hohen Druckverhältnissen. Sie passen sich den normal werdenden Bedingungen an.

Auch nach chronischen Verspannungen dauert der Anpassungsprozeß normalerweise nicht länger als ein paar Minuten. In Ausnahmefällen kann er sich über ein bis zwei Tage hinziehen. Das ist kein Grund zur Beunruhigung, sondern lediglich ein natürlicher Vorgang.

Bioenergetisch aus dem Gleichgewicht sein, ist, als ob man einen Faden fest um den Finger gewickelt hat.

Es ist gleich, was Sie anstellen:

Sie haben immer noch ein Problem!

Entfernen Sie den Faden endgültig, dann hat alles wieder seine Ordnung, auf ganz natürliche Weise.

Ich bin oft erstaunt, daß Menschen, die all die oben genannten Methoden beherzigen (selbst auch GesundheitsPraktiker)* immer noch so einen Print wie den folgenden haben:

---

* GesundheitsPraktiker sind Menschen, die sich in ihrer Lebensweise nach der »natürlichen Gesundheitslehre« richten. Informationen hierüber erhalten Sie auf Anfrage bei der Gesellschaft für natürliche Lebenskunde e.V., Postfach 12 12, 27723 Worpswede

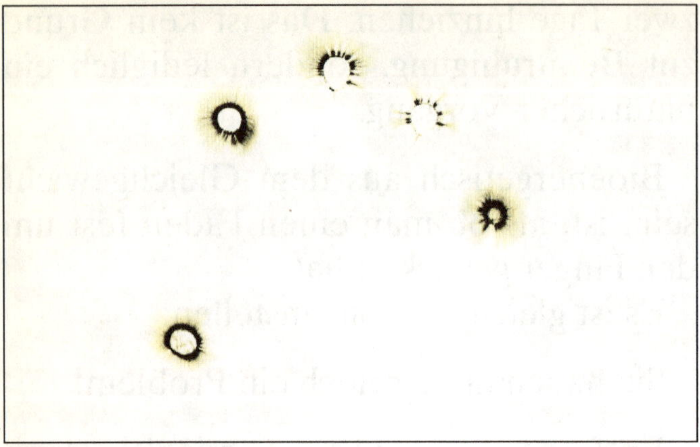

Die haben den Faden noch nicht entfernt!

Synchronisationsübungen mit dem Vitaltrainer helfen Ihnen:

- im Hier und Jetzt zu sein,
- die linke und rechte Gehirnhälfte zu synchronisieren,
- Kreativität zu entwickeln,
- weniger emotional zu sein,
- die Koordinationsfähigkeit zu verstärken,
- klarer zu denken,
- Ihre Konzentration zu verbessern,
- mit Streß besser umzugehen,
- Ihr Selbstbewußtsein zu verbessern,
- depressive Stimmungen zu überwinden,

Kind mit Ball auf dem Vital-Transmitter.

– und inneren Frieden zu finden.

Balance ist Grundvoraussetzung

Der Mensch ist nicht nur Chemie allein!

Menschliche Lebewesen bestehen aus folgenden chemischen Substanzen:

65 % Wasser

15 % Proteine

10 % Fette

9 % Mineralstoffe

1 % Kohlenhydrate (und andere organische Materialien)

Ist das schon alles? Natürlich nicht, irgend etwas Immaterielles hält die physischen Elemente des Körpers zusammen und macht aus jedem von uns ein einzigartiges Wesen.

Ein 67 Jahre alter Mann:

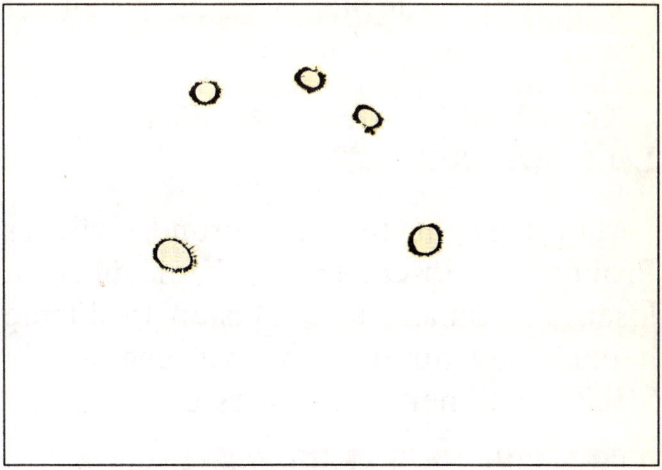

Vor dem Vitaltraining

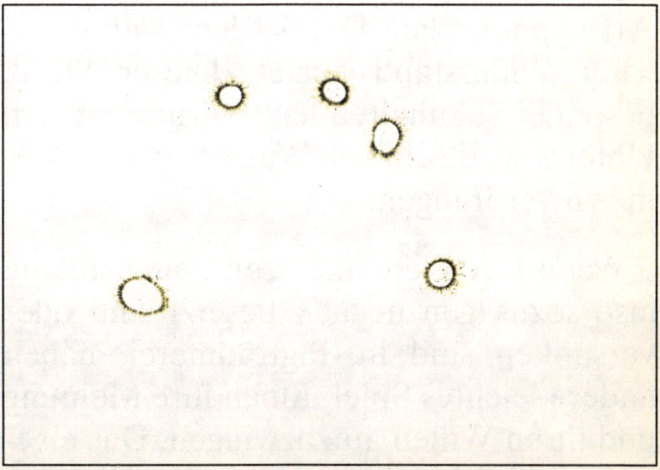

nach drei Monaten ein geordnetes Energiefeld.

Der physische Körper ist mehr als nur ein Container für die festen oder weniger festen Stoffe des Menschen.

Anhaltender Streß zerstört unsere Lebensfreude

Man braucht nur ein grundsätzliches Problem zu lösen, um auch die übrigen lösen zu können. Die meisten Probleme haben eine Hauptursache: wir reagieren in Streßsituationen unangemessen.

Die meiste Zeit über befinden wir uns in einer Art Halbschlaf (fast wie hypnotisiert). Die Anforderungen und Frustrationen des täglichen Lebens erzeugen eine Art hypnotischen Druck, dem man unbewußt Widerstand leistet. Dieser Streß, besonders anhaltender, verursacht im Unterbewußtsein den Wunsch, die Probleme zu verdrängen.

Wenn Ihre Gedanken zerstreut sind, Sie also sozusagen negativ besetzt sind oder versunken sind in Tagträumerei, haben andere leichtes Spiel, Ihnen ihre Meinung und ihren Willen aufzuzwingen. Das eigene Leben nicht leben zu können, nicht man selbst sein zu können, kann einiges durcheinanderbringen – Konflikte, Ängste, Schuldgefühle und Depressionen sind oft die Folge.

Was ist die Ursache all dieser Probleme?

Sich schuldig fühlen bedeutet, dahingehend beeinflußt worden zu sein, gegen seine eigenen Interessen zu handeln. Sorge und Depression bedeuten, daß man nicht die Kontrolle über seine eigene Bestimmung hat. Angst rührt von ständiger Überforderung durch Streß. Es wird immer schwerer, mit den Gegebenheiten fertig zu werden und Mißstände zu erkennen. Um uns weiterentwickeln zu können, um unseren naturgegebenen natürlichen Möglichkeiten näherzukommen und mit dem Leben in Harmonie zu sein, ist es notwendig, Ausgewogenheit dauerhaft zu erreichen. Die einfachste und effektivste Methode ist die Synchronisation durch Übungen mit dem Vitaltrainer.

Der Streßmechanismus des Körpers

Empfindliche Nerven lassen uns Streß wahrnehmen. Sie transportieren jede Sekunde über Einhundertmillionen Impulse zum Gehirn. Die meisten Informationen werden verworfen, der Rest wird verarbeitet mit geringer Frequenz.

Informationen, die vom Gehirn wahrgenommen werden, versetzen den sogenannten Reiz-Reakions-Mechanismus in Gang.

Antriebsnerven steuern vom Gehirn ausgelöste elektrische Impulse im gesamten Körper und ermöglichen:

1. Denkprozesse, Stoffwechselfunktionen und Heilprozesse

2. dem Körper, sein Gravitätsfeld durch ständige Korrekturen aufrechtzuerhalten.

Wie Streß Körperfunktionen beeinflußt

Je stärker bio-mechanisch verzerrt und neuromuskulär beeinträchtigt unsere Körper sind, je weniger Energie haben wir klar zu denken, effektiv zu funktionieren und Heilprozesse in Gang zu setzen. Der Körper benötigt weitaus weniger Energie im ausgewogenen statischen Zustand.

Die Hauptaufgabe des Körpers besteht darin, einen Zustand statischer, metabolischer und psychologischer Stabilität aufrechtzuerhalten. Heutzutage sind die meisten Erwachsenen nicht im Gleichgewicht, auch wenn nicht unbedingt Symptome sichtbar sind und sie scheinbar völlig gesund sind. Aus diesem Grund nutzen wir unsere Leistungsfähigkeit nicht voll aus.

Prinzip: Der menschliche Körper hat einen korrektiven Selbstheilungsmechanismus. Er sorgt normalerweise für natürliche Balance, Entspannung und hat einen Reaktivierungsmechanismus, der die eigenen Kräfte wieder aufbaut.

Fragen: »*Warum sind die meisten Menschen bio-mechanisch aus dem Gleichgewicht und neuro-muskulär beeinträchtigt (mit teilweise ausgesprochen schwachen und verspannten Muskeln)?*«

»*Warum befinden sich die meisten Erwachsenen auf einem spiralförmig verlaufenden Abwärtskurs, der schließlich zu degenerativen Krankheiten und frühem Tod führt (es sei denn, der Tod tritt noch frühzeitiger ein durch eine Infektion oder Gewalteinwirkung)?*«

Antwort: Aufgrund meiner Erfahrungen in der Bio-Energie-Analyse und -Therapie bin ich der Ansicht, daß dieser desolate Zustand in engem Zusammenhang mit Streßfaktoren aus der Kindheit zu sehen ist.

Unglücklicherweise leben wir in einer immer stressiger werdenden Welt und sind anfälliger für diesen Streß als wir ahnen. Meine persönliche Erfahrung ist, daß in den letzten zehn Jahren immer mehr alarmierende Anzeichen von gesundheitlichem Verfall, auch innerhalb der jungen Generation, sichtbar wurden.

Wie reagiert der Mensch auf Streß?

Wie sieht die Abfolge physikalischer Ereignisse aus, wenn der von außen herangetragene Streß größer ist als unsere innere Abwehr?

1. Es gibt eine Art Kurzschluß. Physikalisch gesehen sind menschliche Wesen elektrische Systeme, und wie jedes elektrische System können sie sich aufladen und entladen sowie einen Kurzschluß verursachen.

2. Wird ein Teil geschwächt, zieht sich der andere automatisch zusammen. Bezogen auf die Muskeln bedeutet das eine spastisch, verkrampfte Reaktion.

3. Da Muskeln die Knochen bewegen, verändert ein verspannter Muskel die Struktur-Balance und verzerrt sie somit. Unausgewogenheit und überbeanspruchte Gelenke sind jetzt meßbare Faktoren.

4. Nach einer gewissen Inkubationszeit (Zeit von der »Ansteckung« bis zum

Ausbruch einer Krankheit) tauchen »normale Symptome« auf und verschwinden wieder. Irgendwann jedoch haben wir einen Punkt erreicht, an dem es kein Zurück mehr gibt und dann sind wir mit unheilbaren Schäden, Degeneration und Tod konfrontiert.

Recycling: Weg der Natur – nicht des Menschen!

Der Weg der Besserung vollzieht sich in Zyklen. Da wir die Balance schrittweise verlieren, geschieht auch die Wiederherstellung abschnittweise. Es gibt Zeiten, in denen man sich besser fühlt und Zeiten, die begleitet sind von teilweise unangenehmen Regenerierungsprozessen. Alles in der Natur vollzieht sich in Zyklen!

Ich würde Ihnen gern versprechen, der Weg zurück sei immer angenehm und einfach. Aber da es nicht angenehm ist, in einen desolaten Zustand zu gelangen, ist die Reise zurück auch nicht immer rosig und »eitel Sonnenschein«. Viele Menschen haben schwer zu kämpfen auf dem Weg zur Besserung. Frühere, nicht verarbeitete Probleme, die zum Verlust der Balance beigetragen haben, gelangen zurück ins Bewußtsein und werden unter Umständen noch mal durchlebt.

Dieser natürliche Umwandlungsprozeß (Recycling) vollzieht sich in relativ kurzen Zyklen. Seine innewohnende Kraft arbeitet auf eigene Weise und in eigener Zeitdimension. Recycling ist als würde man eine Schnur auf eine Spule wickeln. Um die Schnur wieder abzubekommen, muß man in die entgegengesetzte Richtung wickeln. Das Prinzip heißt hier: der Weg hinein ist auch der Weg hinaus – der Weg hinunter ist auch der Weg hinauf. Leider sind die meisten Menschen bereits seit ihrer frühesten Kindheit aus dem Gleichgewicht. Glücklicherweise vollzieht sich der Heilprozeß im Verhältnis 12:1. Wenn also jemand seit über 30 Jahren aus der Balance ist, wird er mit entsprechendem Training etwa 30 Monate für die Wiedererlangung seiner Balance benötigen.

Alles in der Natur vollzieht sich in Zyklen

Menschen, die nicht lebendig, wach und aufgeweckt sind, leiden unter einem Defizit an Lebensenergie.

Die entsprechenden Plasma-Print-Aufnahmen weisen sämtliche Anzeichen chronischer Müdigkeit auf.

Sie haben den Kontakt mit ihrer inneren Energiequelle und Inspiration verloren. Wird der Kontakt wiederhergestellt, erhöht sich der Energiefluß und ein Prozeß von Erneuerung und Verjüngung findet statt. Veränderungen treten auf allen Stufen des menschlichen Seins auf.

Chemisch gesehen, findet eine Generalreinigung toxischer Elemente statt.

Muskelverkrampfungen speichern toxische Stoffe in den entsprechenden verengten Regionen. Entspannen sich diese Muskeln, gelangen die Toxine ins Blut und ins Lymphsystem. Die Auswirkungen sind der einer Erkältung ähnlich, jedoch ohne Fieber. Es handelt sich bei diesen »toxischen Krisen« um natürliche Anpassungsprozesse – vergleichbar mit Ausscheidungskrisen durch Ernährungsumstellung.

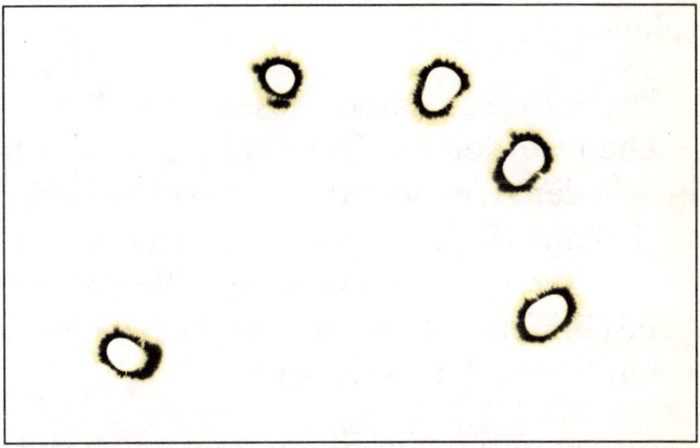

degeneratives Bild

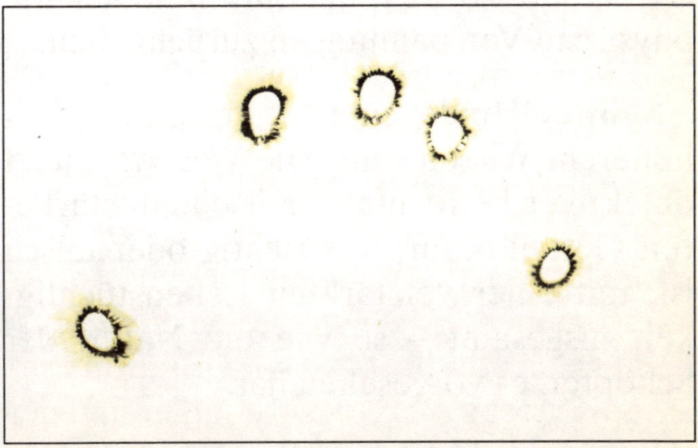

Bild gelöster Toxine

Betrachten wir die Muskeln, so werden lockere Zonen gekräftigt und verspannte Zonen gelockert. Diese Angleichung kann zu Krampferscheinungen führen, was aber völlig normal ist und von selbst wieder verschwindet.

Physiologisch kann dieser Prozeß verglichen werden mit Empfindungen, als ob einem der Arm oder das Bein »einschläft« und dann die Durchblutung wieder einsetzt. Man spürt nichts, wenn Gliedmaßen »einschlafen«, aber ein starkes Ziehen, wenn sie wieder »aufwachen«.

Auf **emotionaler** Ebene gelangt bisher verdrängte Negativität nun an die Oberfläche und löst sich in dem Maße auf wie physische Verspannungen zurückgehen.

Spirituell findet eine Art Verbindung mit höherem Wissen statt. Die Welt wird jetzt objektiver betrachtet – mit einem stärkeren Gefühl dafür, was richtig oder falsch ist, mit einer verstärkten Lebenstüchtigkeit insgesamt – so wie die Natur, der Schöpfer, es vorgesehen hat.

Prints einer 64 Jahre alten Frau

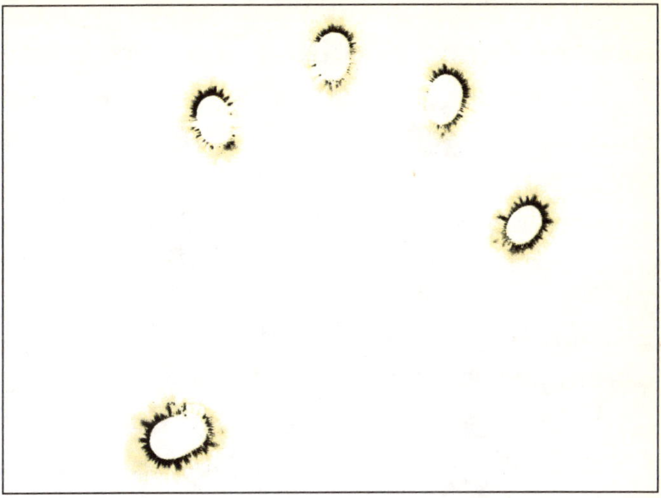

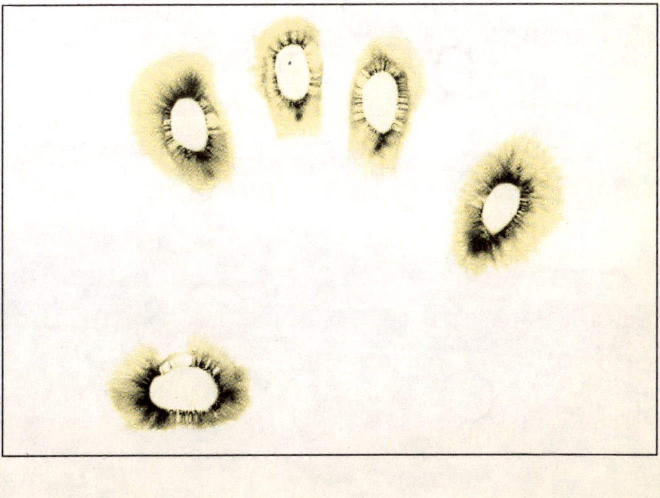

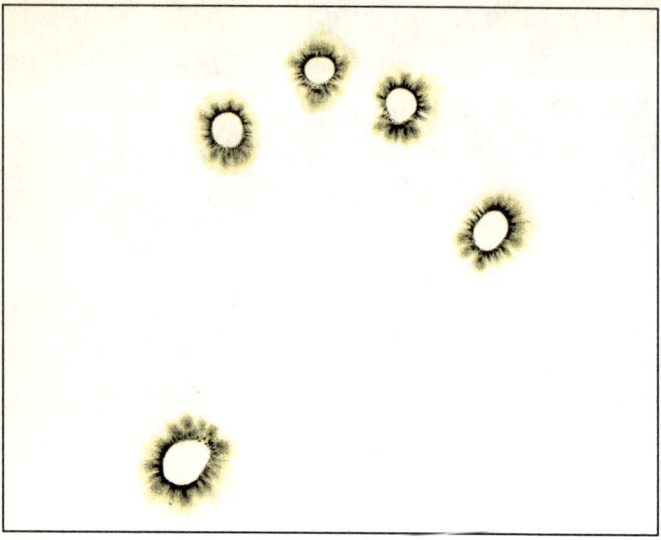

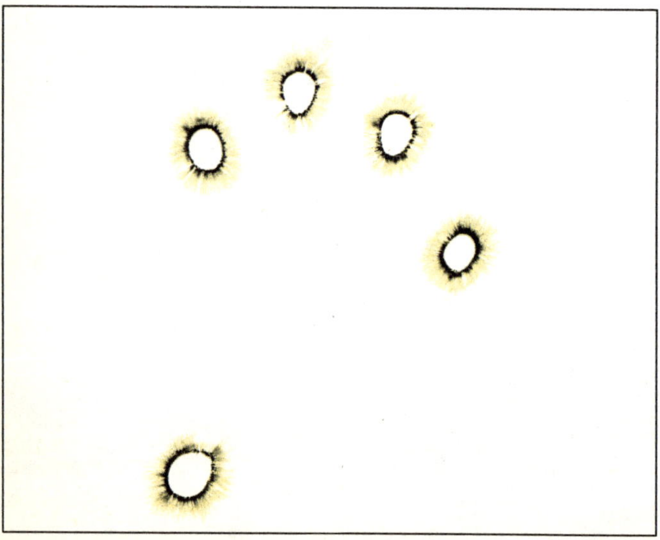

Erholung und Genesung von 1 – 4. Die Patientin war zunächst pflegebedürftig. Nach dreimonatiger Therapie ist sie glücklich und gesund. (Das Vitaltraining wurde begleitet durch Ernährung mit chinesischen Heilkräutern der fünf Elemente.)

Resümee:

Jeder Schöpfungsprozeß bedeutet Schwingung. Die gesamte Welt in der wir leben, ist in Schwingung. Wir selbst sind in Schwingung.

Unser physischer Körper ist eine schwingende Einheit von Bio-Plasma. Unser bloßes Sein ist Schwingung. Sämtliche Schwingungsfelder werden von einer höheren Intelligenz getragen. Wir bezeichnen diese höhere Intelligenz als Leben und Liebe. Alles ist einTeil von Leben und Liebe.

Vitaltraining, also die Synchronisation der biologischen Energie hilft uns, im Einklang mit höherer Intelligenz, die Möglichkeiten unseres Lebens voll zu entfalten und zu nutzen.

Vitaltraining:

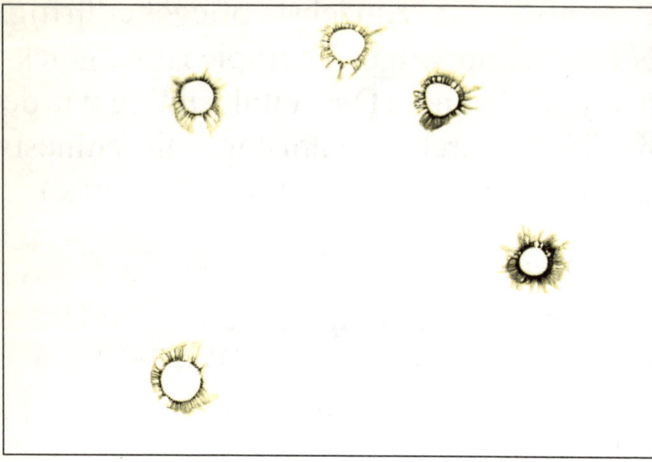

vorher.

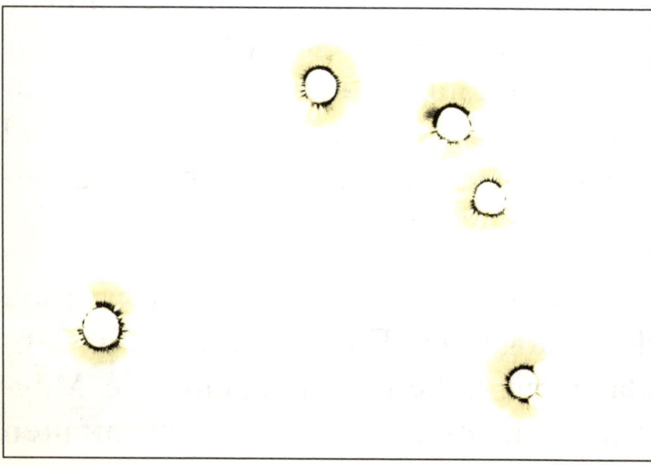

Zwei Wochen später.

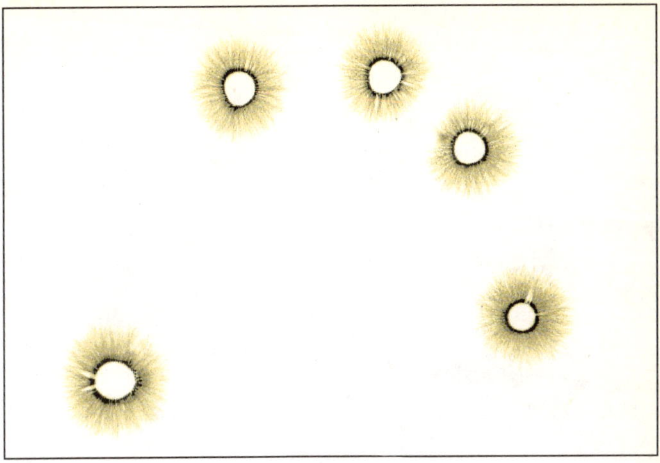

Drei Wochen später.

Übungsteil

Der folgende Teil enthält Übungen, die der Zentrierung der körpereigenen Energie, der Vertiefung der Atmung und der Koordinierung der Körperbewegungen dienen.

Durch die regelmäßige Ausführung dieser Übungen werden Ihre Gedanken klarer und ruhiger, Ihre Gefühle wacher und Ihre Körperfunktionen harmonischer.

Die Harmonie von Körper, Seele und Geist ist die Voraussetzung für die Wahrnehmung und Durchführung Ihrer Aufgabe als Mensch in dieser Welt.

Beginnen Sie langsam auf- und abzufedern, befolgen Sie die Übungsanleitungen und übertreiben Sie nicht, besonders am Anfang Ihrer Trainingszeit.

Seminar

Bioenergetische Übungen

Bei sämtlichen Übungen sind folgende Grundsätze zu beachten:

- Stehen Sie locker auf der Sprungmatte, die Füße parallel in Schulterbreite, die Knie leicht angewinkelt

- Beim Auf- und Abfedern bleiben die Füße in ständigem Kontakt mit der Sprungmatte.

- Atmen Sie bewußt rhythmisch durch die Nase ein und durch den Mund aus, nach Ihrem Bedürfnis, z. B. 3mal ein und 3mal aus.

Übung Nr. 1
Bewußtes Wahrnehmen des Körpers

Federn Sie leicht auf und ab, die Arme locker am Körper angelegt. Erleben Sie bewußt Ihren Körper: die Füße, die Beine, das Gesäß, das Becken, den Rücken, den Bauch, die Brust, den Schultergürtel, die Arme, die Hände, den Nacken und den Kopf. Machen Sie diese Übung zwei Minuten lang. Danach halten Sie still und spüren Sie, wie die Energie im Körper fließt.

Übung 1

Übung Nr. 2
Links-Rechts-Energieausgleich

Die Fingerspitzen der rechten Hand berühren den Bauchnabel – Ihr Energiezentrum. Der Daumen der linken Hand berührt das linke, Zeige- und Mittelfinger das rechte Sternoclaviculargelenk.* Hier befinden sich die Endpunkte des Nierenmeridians.

Übung 2

Federn Sie in dieser Körperhaltung eine Minute lang leicht auf und ab und rollen Sie gleichzeitig Ihre Augen nach links und rechts.

Danach Seitenwechsel und wieder eine Minute Energieausgleich der linken und rechten Körperhälfte.

* Halbgelenke zwischen Schlüsselbein und Brustbein am Brustkorb vorn oben.

Übung Nr. 3
Oben-Unten-Energieausgleich

Die Fingerspitzen der rechten Hand berühren den Bauchnabel. Der Zeige- und Mittelfinger der linken Hand streichen über der Oberlippe bzw. unter der Unterlippe. Hier befinden sich der Anfangspunkt des Gouverneurgefäßes (Vater des Yang) und der Endpunkt des Konzeptionsgefäßes (Mutter des Yin). Diese beiden Gefäße ernähren die zwölf Hauptmeridiane mit Energie.

Federn Sie in dieser Körperhaltung eine Minute lang leicht auf und ab und rollen Sie gleichzeitig Ihre Augen nach oben und unten. Danach Seitenwechsel und wieder eine Minute federn.

Übung 3

Diese Übung bewirkt einen Energieausgleich der oberen und unteren Körperhälfte.

Übung Nr. 4
Ventral-Dorsal-Energieausgleich

Die Fingerspitzen der rechten Hand berühren den Bauchnabel, diejenigen der linken Hand die Steißbeinspitze. Hier befindet sich der Endpunkt des Gouverneurgefäßes. Federn Sie in dieser Körperhaltung eine Minute lang leicht auf und ab und rollen Sie gleichzeitig Ihre Augen nach oben und unten. Danach Seitenwechsel und wieder eine Minute federn.

Diese Übung bewirkt einen Energieausgleich der vorderen und hinteren Körperhälfte.

Übung 4

Übung Nr. 5
Ausrichten des Kopfes

Die rechte Hand berührt die Stirn, die linke den Nacken. Federn Sie in dieser Körperhaltung eine Minute lang leicht auf und ab. Danach Seitenwechsel und wieder eine Minute federn.

Diese Übung bewirkt eine aufrechte Körperhaltung.

Übung 5

Übung Nr. 6
Ausrichten des Wirbelstranges

Die rechte Hand berührt den Nacken. Die Fingerspitzen der linken die Steißbeinspitze.

Federn Sie in dieser Körperhaltung eine Minute lang leicht auf und ab.

Danach Seitenwechsel und wieder eine Minute federn.

Durch diese Übung wird der Wirbelstrang ins Lot gebracht.

Übung 6

Übung Nr. 7
Ausrichten des Beckens

Die rechte Hand berührt den hinteren Beckenkamm. Streichen Sie mit der linken Hand Ihr hinteres und seitliches Becken von oben nach unten.

Diese Übung bewirkt einen Ausgleich der Beckenstatik.

Übung 7

Übung Nr. 8
Körpertwist
Schwingen Sie die Arme in Taillenhöhe nach links und nach rechts, die Füße und Beine schwingen dabei gegengleich.

Federn Sie eine Minute lang leicht auf und ab und twisten Sie dabei.

Danach heben Sie die Arme über Kopfhöhe und twisten Sie ebenfalls eine Minute.

Diese Übung bewirkt eine Lockerung des Beckens, der Wirbelsäule und der Schultergelenke.

Übung 8 a

Übung 8 b

Übung Nr. 9
Aufrechte Körperhaltung

Winkeln Sie die Arme in Taillenhöhe und ballen Sie die Hände zu Fäusten, wobei der Daumen von den anderen Fingern zugedeckt wird.

Federn Sie leicht auf und ab und achten Sie dabei auf eine aufrechte Körperhaltung: die Füße parallel, die Knie leicht angewinkelt, die Schultern entspannt und locker, der Kopf gerade, aufrecht und locker. Machen Sie diese Übung zwei Minuten lang.

Übung 9

Übung Nr. 10
Gallenblase-Leber/Milz-Pankreas

Berühren Sie mit der linken Hand die rechte Schulter.

Mit der rechten Hand streichen Sie den Leber- und Gallenblasenbereich* aus. Nach jeder Ausstreichung schütteln Sie Ihre Hand aus.

Federn Sie in dieser Körperhaltung eine Minute lang leicht auf und ab. Danach Seitenwechsel. Streichen Sie mit der linken Hand den Milz- und Pankreasbereich** eine Minute lang aus.

Diese Übung bewirkt eine Harmonisierung der Funktionen der genannten Organe.

---

* unter der untersten (zwölften) Rippe von rechts.
**unter der untersten (zwölften) Rippe von links.

Übung 10 a

Übung 10 b

Übung Nr. 11
Ileozökalklappe
Berühren Sie mit den Fingerspitzen beider Hände die Areale, links und rechts am Bauch unterhalb der Nabellinie.

Federn Sie in dieser Körperhaltung eine Minute lang leicht auf und ab. Danach leichtes Auf- und Abfedern, indem Sie gleichzeitig beide Schultern reiben. Anschließend reiben Sie Ihren Nacken bei gleichzeitigem leichtem Auf- und Abfedern.

Diese Übungen korrigieren Fehlfunktionen dieser Klappen, harmonisieren Dick- und Dünndarmfunktionen, regen die Peristaltik an und fördern den Abbau von Toxinen.

Übung 11

Übung Nr. 12
Dickdarm

Berühren Sie mit der linken Hand die rechte Schulter. Federn Sie eine Minute lang leicht auf und ab. Gleichzeitig streichen Sie mit der rechten Hand über die Bereiche des aufsteigenden und des querliegenden Dickdarmes. Danach berühren Sie mit der rechten Hand die linke Schulter und streichen Sie mit der linken Hand über den Bereich des absteigenden Dickdarmes, ebenfalls eine Minute lang.

Diese Übung fördert die Ausscheidung des Dickdarms.

Übung 12

Übung Nr. 13
Nieren

Berühren Sie mit den Händen die Nierengegend.*

Federn Sie in dieser Körperhaltung zwei Minuten lang leicht auf und ab. Diese Übung harmonisiert die Nierenfunktion und fördert die Wasserausscheidung.

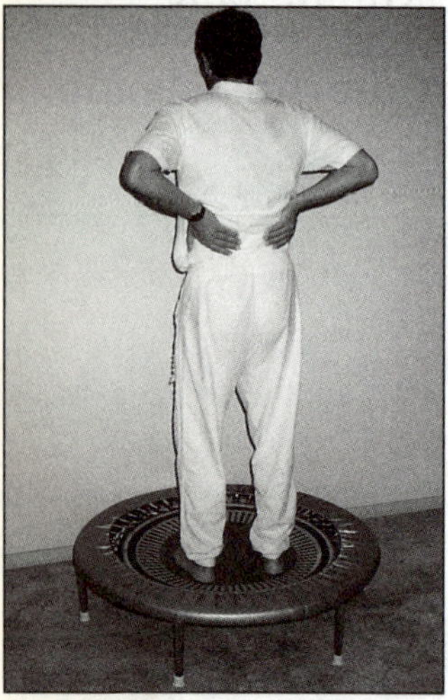

Übung 13

* Nierengegend rechts und links hinten im Bereich der untersten (zwölften) Rippe.

Übung Nr. 14
Nase, Hals

Streichen Sie mit den Fingern je eine Minute beidseitig über die Nase und über den Hals. Gleichzeitig federn Sie leicht auf und ab. Diese Übung bewirkt die Befreiung der oberen Atemwege und harmonisiert die Funktion der Schilddrüse.

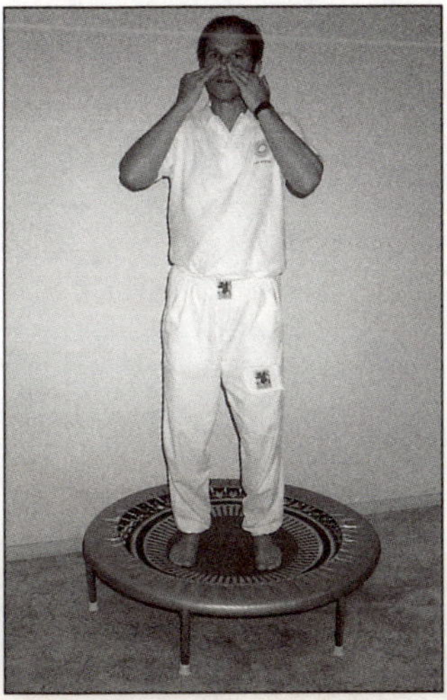

Übung 14 a

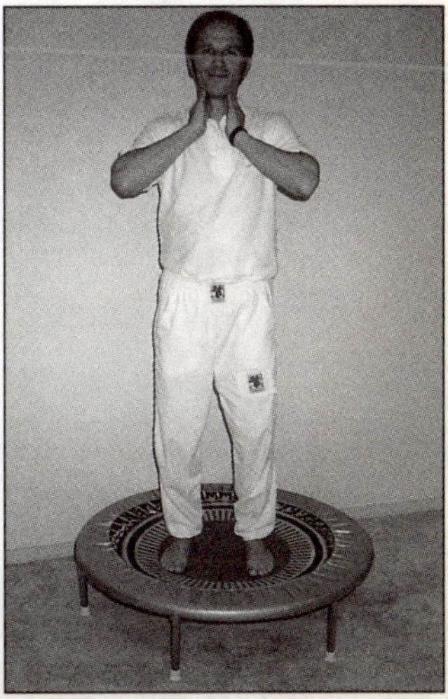

Übung 14 b

Übung Nr. 15
Augen

Die Fingerspitzen der rechten Hand berühren den Bauchnabel. Diejenigen der linken Hand sind unmittelbar in Augennähe auf das rechte Auge gerichtet.

Federn Sie in dieser Körperhaltung eine Minute lang leicht auf und ab. Danach Seitenwechsel und wieder eine Minute leichtes Auf- und Abfedern, wobei die rechten Fingerspitzen auf das linke Auge gerichtet sind.

Diese Übung bewirkt eine Entspannung der Augen und fördert die Sehkraft.

Übung 15

Übung Nr. 16
Schultern

Berühren Sie mit den Fingerspitzen der rechten Hand den Bauchnabel. Die linke Hand massiert den rechten Schultermuskel und streicht ihn aus. Federn Sie dabei eine Minute lang leicht auf und ab. Danach Seitenwechsel und wieder eine Minute leichtes Auf- und Abfedern.

Diese Übung bewirkt die Entspannung des Schultergürtels.

Übung 16

Übung Nr. 17

Nacken

Heben Sie Ihre Arme waagerecht in Schulterhöhe. Wenden Sie langsam den Kopf nach links. Der linke Daumen richtet sich nach oben, der rechte nach unten. Wenden Sie dann den Kopf langsam nach rechts. Der rechte Daumen richtet sich nach oben, der linke nach unten.

Federn Sie bei gleichzeitigem Kopfwenden zwei Minuten lang leicht auf und ab.

Diese Übung bewirkt die Entspannung und Lockerung des Nackens.

Übungen zur Vertiefung der Atmung

Bei diesen Übungen sind folgende Grundsätze zu beachten:

- stehen Sie locker auf der Matte, die Füße parallel in Schulterbreite, die Knie leicht angewinkelt;

- atmen Sie bewußt, tief und rhythmisch durch die Nase ein und durch den Mund aus, nach Ihrem Bedürfnis, z. B. dreimal ein und dreimal aus;

- achten Sie auf die Handpositionen.

Übung Nr. 1
Zwerchfellatmung

Daumen-, Ring- und Kleinfinger beider Hände berühren sich. Federn Sie zwei Minuten lang leicht auf und ab, als ob Sie laufen würden. Die Arme schwingen locker gegengleich mit.

Diese Übung fördert die Zwerchfellatmung.

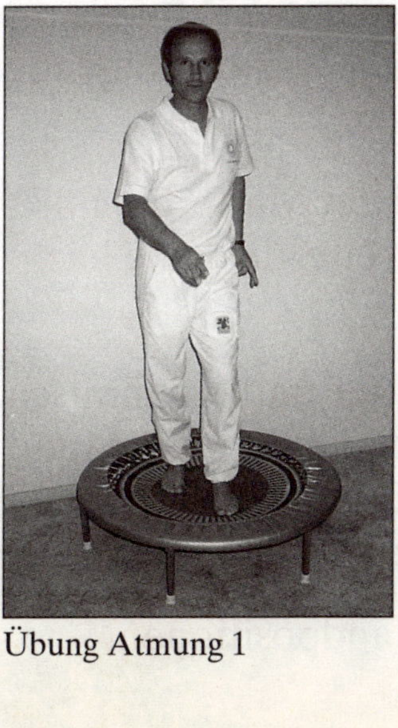

Übung Atmung 1

Übung Nr. 2
Untere Lungenatmung

Daumen und Zeigefinger beider Hände berühren sich. Federn Sie zwei Minuten lang leicht auf und ab, als ob Sie laufen würden. Die Arme schwingen locker und gegengleich mit.

Diese Übung fördert die untere Lungenatmung.

Übung Atmung 2

Übung Nr. 3
Mittlere Lungenatmung

Daumen und Zeigefinger beider Hände berühren sich. Die anderen Finger sind zur Faust geballt.

Federn Sie zwei Minuten lang leicht auf und ab, als ob Sie laufen würden. Die Arme schwingen locker und gegengleich mit. Die Übung fördert die mittlere Lungenatmung.

Übung Atmung 3

Übung Nr. 4
Volle Lungenatmung

Die Hände sind zu Fäusten geballt, wobei die Daumen von den anderen Fingern zugedeckt werden.

Federn Sie zwei Minuten lang leicht auf und ab, als ob Sie laufen würden. Die Arme schwingen locker und gegengleich mit. Die Übung fördert die Vollatmung.

Übung Atmung 4

Koordinationsübungen

Diese Übungen koordinieren und harmonisieren durch die Arbeitskoordination beider Gehirnhemisphären die Bewegungsabläufe des Körpers und bewirken den Energieausgleich von links und rechts, oben und unten, vorn und hinten.

Die Übungen sind besonders angezeigt bei Mangel an Konzentration und Koordination der Bewegung, der Sprache und beim Rechnen.

Bei diesen Übungen sind folgende Grundsätze zu beachten:

- stehen Sie locker auf der Matte;
- bei der Ausführung der Koordinationsübungen ist mindestens ein Fuß in ständigem Kontakt mit der Matte;
- atmen Sie bewußt rhythmisch durch die Nase ein und durch den Mund aus nach Ihrem Bedürfnis, z. B. dreimal ein und dreimal aus;
- machen Sie diese Übungen erst, wenn Sie sich auf dem »Vital-Transmitter« sicher fühlen;
- wärmen Sie sich vorher auf.

Übung Nr. 1
Winkeln Sie die Arme in Taillenhöhe. Der Daumen und Zeigefinger beider Hände berühren sich. Federn Sie zwei Minuten lang leicht auf und ab. Gleichzeitig folgen Sie mit Ihrem Blick den Konturen einer liegenden Acht.

Übung Koordination 1

Übung Nr. 2

Laufen Sie am Ort, die Füße auf der Matte nachziehend. Die Arme schwingen locker gegengleich mit.

Machen Sie diese Übung zwei Minuten lang.

Übung Koordination 2

Übung Nr. 3

Heben Sie Ihr rechtes Knie hoch, berühren Sie es mit der linken Hand und gegengleich. Federn Sie vor jedem Seitenwechsel ein- oder zweimal nach.

Machen Sie diese Übung zwei Minuten lang.

Übung Koordination 3

Übung Nr. 4

Heben Sie Ihr rechtes Knie und Ihren linken Arm hoch und gegengleich. Federn Sie vor jedem Seitenwechsel ein- oder zweimal nach. Machen Sie diese Übung zwei Minuten lang.

Übung Koordination 4

Übung Nr. 5

Kicken Sie mit Ihrem rechten Bein seitlich nach vorn und nach links. Berühren Sie gleichzeitig mit der linken Hand die rechte Hüfte und gegengleich. Federn Sie vor jedem Seitenwechsel ein- oder zweimal nach. Machen Sie diese Übung zwei Minuten lang.

Übung Koordination 5

Übung Nr. 6

Heben Sie das rechte Bein und den linken Arm seitlich hoch. Die rechte Hand berührt die linke Hüfte und gegengleich.

Federn Sie vor jedem Seitenwechsel ein- oder zweimal nach.

Machen Sie diese Übung zwei Minuten lang.

Übung Koordination 6

Über den Autor

Bernhard Eppich, Jahrgang 1945, Österreicher und Wahlaustralier, war zwölf Jahre in der Grundlagenforschung der Bewegungs- und Ernährungswissenschaften als Lehrer und Sportpädagoge im St'Clares College, Canberra (Australien), tätig.

Seit 1986 war der Autor als Seminararbeiter und Referent oft im europäischen Raum, Israel, Neuseeland und den USA eingeladen. Seine Seminare und Vorträge in der bioenergetischen Medizin, Homöopathie, Bewegung mit Bio-Energie und Ernährung mit Bio-Energie wurden mit großem Interesse aufgenommen.

Im Mai 1987 veröffentlichte er ein Büchlein in der Schweiz, »L'onde vitale Trainer«, das Bewegen mit der Lebenswelle. 1988 gründete der Autor das »Australische Institut für bioenergetische Information«.

Bernhard Eppich beschäftigt sich im australischen Institut u. a. mit der Sichtbarmachung und der diagnostischen Auswertung der Aurastrahlung. Er ist auch als Mitarbeiter und Ratgeber in der sportmedizinischen Abteilung im australischen Institut für Sport engagiert und hat dort zahlreiche Vorträge gehalten.

Heute bereist der Autor alle fünf Kontinente, führt Seminare in Deutschland, Schweiz und Österreich über Fitneßtraining und Ernährungseinflüsse auf die Gesundheit der Menschen durch.

In einem internationalen Forscherteam hat er die vorliegenden Erkenntnisse der Bioplasma-Fotografie (Weiterentwicklung der Kirlianfotografie) die zuverlässige Untersuchungsergebnisse ergaben, bestätigt. Im November 1992 hat *Bernhard Eppich* seine Doktorarbeit ALPHA BIOTIC in Dallas, USA, fertig gestellt.